"十四五"国家重点出版物出版规划项目
交通运输科技丛书·公路基础设施建设与养护
跨海交通集群工程智能化运维系列丛书

面向新一代数字化大桥建设的物联网数据处理技术与应用

董玮　王新根　景强　李洁玮　高艺　编著

人民交通出版社

北京

内 容 提 要

本书依托国家重点研发计划项目"港珠澳大桥智能化运维技术集成应用"部分研究成果编写，是"跨海交通集群工程智能化运维系列丛书"中的一本。

本书主要介绍国内新一代数字化大桥——港珠澳大桥建设中涉及的相关物联网技术、方法与应用，以及物联网数据处理"基础—技术—应用"的全流程。全书共分为6章，第1章介绍数字化大桥物联网技术的研究背景、研究途径；第2章与第3章分别介绍港珠澳大桥的多模态多渠道采传收一体化边缘计算与海量流式数据的实时处理与分析两项核心技术；第4章与第5章是前两个章节内容在港珠澳大桥上的实际应用；第6章是对本书的总结与未来展望。

本书适合具有理工科背景，对物联网感知传输、边缘计算、桥梁健康监测感兴趣的学生、老师及相关行业的从业人员参考使用。

图书在版编目(CIP)数据

面向新一代数字化大桥建设的物联网数据处理技术与应用/董玮等编著. —北京：人民交通出版社股份有限公司, 2024.9

(跨海交通集群工程智能化运维系列丛书)

ISBN 978-7-114-19560-0

Ⅰ.①面… Ⅱ.①董… Ⅲ.①物联网—应用—桥梁工程—研究 Ⅳ.①U44

中国国家版本馆 CIP 数据核字(2024)第112197号

Mianxiang Xinyidai Shuzihua Daqiao Jianshe de Wulianwang Shuju Chuli Jishu yu Yingyong

书　　名：	面向新一代数字化大桥建设的物联网数据处理技术与应用
著 作 者：	董　玮　王新根　景　强　李洁玮　高　艺
责任编辑：	王海南　刘永超　丁　遥
责任校对：	赵媛媛
责任印制：	刘高彤
出版发行：	人民交通出版社
地　　址：	(100011)北京市朝阳区安定门外外馆斜街3号
网　　址：	http://www.ccpcl.com.cn
销售电话：	(010)85285857
总 经 销：	人民交通出版社发行部
经　　销：	各地新华书店
印　　刷：	北京市密东印刷有限公司
开　　本：	787×1092　1/16
印　　张：	12
字　　数：	180千
版　　次：	2024年9月　第1版
印　　次：	2024年9月　第1次印刷
书　　号：	ISBN 978-7-114-19560-0
定　　价：	75.00元

(有印刷、装订质量问题的图书，由本社负责调换)

交通运输科技丛书编审委员会

(委员排名不分先后)

顾　问：王志清　汪　洋　姜明宝　李天碧
主　任：庞　松
副主任：洪晓枫　林　强
委　员：石宝林　张劲泉　赵之忠　关昌余　张华庆
　　　　郑健龙　沙爱民　唐伯明　孙玉清　费维军
　　　　王　炜　孙立军　蒋树屏　韩　敏　张喜刚
　　　　吴　澎　刘怀汉　汪双杰　廖朝华　金　凌
　　　　李爱民　曹　迪　田俊峰　苏权科　严云福

跨海交通集群工程智能化运维系列丛书
编审委员会

主 任：郑顺潮

副 主 任：（排名不分先后）

    陈 纯 张建云 岳清瑞 叶嘉安

    滕锦光 宋永华 戴圣龙 沙爱民

    方守恩 张劲泉 史 烈 苏权科

    韦东庆 张国辉 莫垂道 李 江

    段国钦 景 强

委 员：（排名不分先后）

    汤智慧 苗洪志 黄平明 潘军宁

    杨国锋 蔡成果 王 罡 夏 勇

    区达光 周万欢 王俊骅 廖军洪

    汪劲丰 董 玮 周 波

《面向新一代数字化大桥建设的物联网数据处理技术与应用》编写组

丛书总主编：景　强

主　　　编：董　玮　王新根　景　强　李洁玮
　　　　　　高　艺

参　　　编：(排名不分先后)
　　　　　　才振功　丁　智　高凌峰　高　杨
　　　　　　郭　呈　黄家名　胡诗韵　胡云飞
　　　　　　蒋　咪　李博睿　李晨昊　李书亮
　　　　　　李文龙　吕嘉美　张文照

编 写 单 位：港珠澳大桥管理局
　　　　　　浙江大学

总序 GENERAL FOREWORD

科技是国家强盛之基，创新是民族进步之魂。中华民族正处在全面建成小康社会的决胜阶段，比以往任何时候都更加需要强大的科技创新力量。党的十八大以来，以习近平同志为核心的党中央做出了实施创新驱动发展战略的重大部署。党的十八届五中全会提出必须牢固树立并切实贯彻创新、协调、绿色、开放、共享的发展理念，进一步发挥科技创新在全面创新中的引领作用。在最近召开的全国科技创新大会上，习近平总书记指出要在我国发展新的历史起点上，把科技创新摆在更加重要的位置，吹响了建设世界科技强国的号角。大会强调，实现"两个一百年"奋斗目标，实现中华民族伟大复兴的中国梦，必须坚持走中国特色自主创新道路，面向世界科技前沿、面向经济主战场、面向国家重大需求。这是党中央综合分析国内外大势、立足我国发展全局提出的重大战略目标和战略部署，为加快推进我国科技创新指明了战略方向。

科技创新为我国交通运输事业发展提供了不竭的动力。交通运输部党组坚决贯彻落实中央战略部署，将科技创新摆在交通运输现代化建设全局的突出位置，坚持面向需求、面向世界、面向未来，把智慧交通建设作为主战场，深入实施创新驱动发展战略，以科技创新引领交通运输的全面创新。通过全行业广大科研工作者长期不懈的努力，交通运输科技创新取得了重大进展与突出成效，在黄金水道能力提升、跨海集群工程建设、沥青路面新材料、智能化水面溢油处置、饱和潜水成套技术等方面取得了一系列具有国际领先水平的重大成果，培养了一批高素质的科技创新人才，支撑了行业持续快速发展。同时，通过科技示范工程、科技成果推广计划、专项行动计划、科技成果推广目录等，推广应用了千余项科研成果，有力促进了科研向现实生产力转化。组织出版"交通运输建设科技丛书"，是推进科技成果公开、加强科技成果推广应用的一项重要举措。"十二五"期间，该丛书共出版72册，全部列入"十二五"国家重点图书出版规划项目，其中12册获得国家出版基金支持，6册获中华优秀出版物奖图书提名奖，行业影响力和社会知名度不断扩大，逐渐成为交通运输高端学术交流和科技成果公开的重要平台。

"十三五"时期，交通运输改革发展任务更加艰巨繁重，政策制定、基础设施建设、运输管理等领域更加迫切需要科技创新提供有力支撑。为适应形势变化的需要，在以往工作的基础上，我们将组织出版"交通运输科技丛书"，其覆盖内容由建设技术扩展到交通运输科学技术各领域，汇集交通运输行业高水平的学术专著，及时集中展示交通运输重大科技成果，将对提升交通运输决策管理水平、促进高层次学术交流、技术传播和专业人才培养发挥积极作用。

当前，全党全国各族人民正在为全面建成小康社会、实现中华民族伟大复兴的中国梦而团结奋斗。交通运输肩负着经济社会发展先行官的政治使命和重大任务，并力争在第二个百年目标实现之前建成世界交通强国，我们迫切需要以科技创新推动转型升级。创新的事业呼唤创新的人才。希望广大科技工作者牢牢抓住科技创新的重要历史机遇，紧密结合交通运输发展的中心任务，锐意进取、锐意创新，以科技创新的丰硕成果为建设综合交通、智慧交通、绿色交通、平安交通贡献新的更大的力量！

2016 年 6 月 24 日

序 FOREWORD

"一桥连三地,天堑变通途。"港珠澳大桥跨越伶仃洋,东接香港特别行政区,西接广东省珠海市和澳门特别行政区,总长约55km,是"一国两制"下粤港澳三地首次合作共建的超大型跨海交通工程。作为世界上最长、最复杂的桥、岛、隧跨海集群工程,为了保证其在复杂多变的海洋环境中正常运行,先进的智能化监测技术的应用势在必行。本书基于国家重点研发项目"港珠澳大桥智能化运维技术集成应用"的部分研究成果,深入解析了港珠澳大桥边缘计算平台、流计算平台的创新与实践,为大桥的智能化监测、检测与评估提供了坚实的基础。

庞大的工程规模带来了复杂的监测网络拓扑,传统的感知手段难以满足桥梁结构健康监测的实际需求,基于光纤的有线传输部署代价高、维护困难,传统无线传输易受环境干扰,难以满足低时延、高可靠的传输需求,大桥产生的结构维养数据量大、来源广、异构性强,传统的以云为中心的集中式处理难以满足复杂业务需求。针对上述问题,本书结合港珠澳大桥多模态、多渠道海量数据采传收一体化与实时计算系统的开发与应用,深入浅出地讲解了新一代数字化大桥建设中所使用的物联网数据处理技术,利用基于边缘计算的北斗、5G技术赋能桥梁高精度感知与高质量传输,利用流计算技术补全数据,降低延迟,满足复杂业务要求。边缘计算和流计算技术的引入,大大提升了大桥海量多元异构维养数据的处理效率,特别是在港珠澳大桥结构健康监测系统中实现了实时处理巨量数据和流畅展示效果,为桥梁安全和应急响应等提供了技术保障。

本书作为"跨海交通集群工程智能化运维系列丛书"中的一本,它不仅为工程技术人员提供了一个先进的实践案例，也为科研人员提供了研究和学习新一代数字化大桥建设的优质资源。此外，随着新兴数字化技术在各行各业的广泛应用，本书中的理论分析和技术应用对交通基础设施建设等相关领域的发展有重要的借鉴价值。

2024 年 5 月 17 日

前言 | PREFACE

  港珠澳大桥地处珠江口伶仃洋海域,是现今世界上建设规模最大、运营环境最复杂的跨海集群工程,代表了我国跨海集群工程建设的最高水平。为攻克跨海重大交通基础设施智能运维技术瓶颈,示范交通行业人工智能和新基建技术落地应用,港珠澳大桥管理局组织数十家参研单位,依托国家重点研发计划"港珠澳大桥智能化运维技术集成应用"、广东省重点领域研发计划"重大跨海交通集群工程智能安全监测与应急管控"、交通运输领域新型基础设施建设重点工程"数字港珠澳大桥"、交通强国建设试点任务"用好管好港珠澳大桥"等项目开展技术攻关,将港珠澳大桥在智能运维方面的积极探索以关键技术的方式进行提炼,共同撰写了"跨海交通集群工程智能化运维系列丛书"。丛书的出版,对促进传统产业与新一代信息技术融通创新具有重要意义,为国内外跨海集群工程智能化运维提供了丰富的借鉴和参考。

  本书针对现有结构健康监测技术数据质量低、带宽利用率低、计算延迟高等问题,并对云边端协同的海量数据采传收一体化与实时流计算技术与系统展开了研究。首次提出并构建了面向结构健康监测的多模态边缘数据 5G 采传收一体化平台,突破了多模态时序数据高精准异常检测技术与高精度时间同步技术,显著提升了采集数据的质量,提高了数据传输效率;首次提出了面向结构健康监测的云边协同实时流计算方法,研发了海量流式数据动态分区实时处理、无边界数据流实时关联补全等关键技术,构建了桥岛隧海量流式数据实时计算引擎,将监测指标的处理性能提升到集群 10 万级 TPS,平均计算延迟降低到毫秒级。这些研究成果实现了多模态、多渠道海量数据的高质量采集、高可靠传输与高实时计算，为港珠澳大桥智能化运维提供了重要的数据与技术支撑。

本书共分为 6 章，涉及港珠澳大桥建设中的物联网数据处理"基础 – 技术 – 应用"的全流程。第 1 章介绍数字化大桥物联网技术的研究背景，研究途径。第 2 章与第 3 章分别介绍港珠澳大桥的多模态多渠道采传收一体化边缘计算与海量流式数据的实时处理与分析两项核心技术。第 4 章与第 5 章是前两个技术章节内容在港珠澳大桥上的实际应用。第 6 章则是对本书的总结与未来展望。

限于作者的水平和经验，书中错漏之处在所难免，恳请读者批评指正。

作　者

2024 年 6 月

目录 CONTENTS

第1章 绪论

1.1 研究背景 …………………………………………………………… 002
1.2 物联网技术在桥梁结构健康监测的应用状况 ……………………… 003
    1.2.1 大贝尔特桥 ………………………………………………… 004
    1.2.2 珍岛桥 ……………………………………………………… 006
    1.2.3 明石海峡大桥 ……………………………………………… 008
    1.2.4 港珠澳大桥 ………………………………………………… 009
1.3 研究路线 …………………………………………………………… 012
本章参考文献 …………………………………………………………… 013

第2章 多模态多渠道采传收一体化边缘计算技术

2.1 概述 ………………………………………………………………… 016
    2.1.1 初识边缘计算 ……………………………………………… 016
    2.1.2 云原生边缘计算 …………………………………………… 018
2.2 跨海大桥边缘计算关键技术 ………………………………………… 021
    2.2.1 无线组网 …………………………………………………… 022
    2.2.2 算力迁移 …………………………………………………… 050
    2.2.3 边缘缓存 …………………………………………………… 053

  2.2.4 数据压缩 ·················· 057
  2.2.5 安全与隐私保护 ·············· 064
  2.2.6 边缘设备管理方法 ············· 069
  2.2.7 云—边—端协同 ·············· 073
 2.3 发展趋势与技术挑战 ················ 077
 2.4 本章小结 ······················· 080
 本章参考文献 ······················· 081

第3章　海量流式数据的实时处理与分析技术

 3.1 概述 ························· 084
  3.1.1 大数据处理模式 ·············· 084
  3.1.2 初识流计算 ················ 085
 3.2 流数据实时计算技术 ················ 085
  3.2.1 背景和现状 ················ 085
  3.2.2 动态数据分区技术方案 ··········· 088
  3.2.3 状态后端存储技术方案 ··········· 093
  3.2.4 总结 ··················· 098
 3.3 模型实时评估与修复技术 ·············· 099
  3.3.1 背景和现状 ················ 099
  3.3.2 背景技术 ················· 102
  3.3.3 技术方案 ················· 103
  3.3.4 总结 ··················· 110
 3.4 流数据异常检测技术 ················ 111
  3.4.1 背景和现状 ················ 111
  3.4.2 技术方案 ················· 115
  3.4.3 总结 ··················· 119
 3.5 本章小结 ······················· 121
 本章参考文献 ······················· 121

第 4 章　基于边缘计算的桥梁智能运维

- 4.1 概述 ····· 128
- 4.2 港珠澳大桥边缘系统和平台 ····· 129
  - 4.2.1 概述 ····· 129
  - 4.2.2 边缘智能硬件系统 ····· 130
  - 4.2.3 边缘计算软件平台 ····· 135
  - 4.2.4 5G+北斗赋能的边缘计算系统 ····· 146
- 4.3 港珠澳大桥桥梁结构健康监测的应用 ····· 148
- 4.4 本章小结 ····· 152

第 5 章　基于实时流计算的桥梁结构健康监测

- 5.1 概述 ····· 154
  - 5.1.1 桥梁结构健康监测中的实时数据 ····· 155
  - 5.1.2 桥梁结构健康监测中的实时桥梁监测指标 ····· 160
  - 5.1.3 跨海大桥场景中海量数据实时计算面临的性能问题 ····· 161
- 5.2 桥岛隧海量流式数据实时计算系统 ····· 162
  - 5.2.1 桥梁指标计算需求 ····· 162
  - 5.2.2 实施路线和研究方法 ····· 165
  - 5.2.3 系统研发方案 ····· 165
  - 5.2.4 成果与效益分析 ····· 169
- 5.3 本章小结 ····· 169
- 本章参考文献 ····· 169

第 6 章　总结与展望

- 6.1 总结 ····· 172
- 6.2 未来展望 ····· 172

CHAPTER 1 | 第 1 章

绪论

1.1 研究背景

随着我国经济的飞速发展,交通运输方式呈现多样化发展,公路运输则是交通运输系统的重要组成部分。国家一直以来都注重国内的运输网络建设。2021年12月国务院印发的《"十四五"现代综合交通运输体系发展规划》指出,"十四五"期间,国家将完善设施数字化感知系统,推动既有设施数字化改造升级,加强新建设施与感知网络同步规划建设;构建设施运行状态感知系统,加强重要通道和枢纽数字化感知监测覆盖,增强关键路段和重要节点全天候、全周期运行状态监测和主动预警能力。我国环境多变、地势复杂、河海众多,桥梁在众多重点公路运输项目中承担着举足轻重的作用。

传统的监控信息采集过程通常包括以下三个步骤:首先,通过部署好的众多物联网终端节点对大桥健康状态、运行状况、环境情况等进行感知;然后,将感知数据通过有线或无线的方式传输到远程或云服务器上;最后,在云服务器上对数据进行存储或处理。

传统数据采集通常存在以下问题。在感知方面,传统数据采集方法存在时空覆盖不足的问题。这是由于在桥塔高处桥墩底部等人工难以到达的地方,传感器部署与数据采集都很困难,从而造成空间上的监控盲区。此外,监控数据是具有时效性的,采集不及时或传输时发生的丢失都将导致时间上的监控缺失。在传输方面,海量感知数据对传输带宽带来严峻挑战,传统采集方法难以满足高效可靠的传输需求。一方面,有线传输所造成的部署代价高、维护困难;另一方面,现有的无线传输面临着链路不稳定、易受环境干扰的困扰。在存储、处理方面,大桥各类业务及监测产生的数据是海量且异构多元的,传统采集方法难以对海量数据及时处理,并且难以对多模态、多渠道数据进行融合。这些问题将造成监控精度低或高延迟的现象,难以满足业务需求并带来严重后果。特别是在紧急灾害的场景下,无法及时响应,将造成人员伤亡和财产损失等。

近年来,北斗卫星导航系统(以下简称"北斗系统")的正式商用、5G技术的兴起、边缘计算技术的出现,为实现全面可靠、高效实时的数据采集通道带来了生机。在感知方面,北斗系统的定位精度在亚洲明显优于全球定位系统(GPS),且北斗系统属于我国自主研发系统,具有更高的安全性和稳定性。在监控信息传输方面,5G 相比 4G 具有大容量、高带宽、超高速度、超低延迟的特点,使实现对桥体大区域物联网的低成本全覆盖成为可能。在监控信息处理方面,边缘计算能够在靠近数据源头的网络边缘侧完成实时、短周期的业务处理,对海量的数据即时计算并反馈,以满足对庞大数据的处理需求。

2023 年 2 月中共中央、国务院印发《数字中国建设整体布局规划》(以下简称《规划》)。《规划》提出,建设数字中国是数字时代推进中国式现代化的重要引擎,是构筑国家竞争新优势的有力支撑。加快数字中国建设,对全面建设社会主义现代化国家、全面推进中华民族伟大复兴具有重要意义和深远影响。《规划》要求夯实数字中国建设基础,打通数字基础设施大动脉,加快 5G 网络与千兆光网协同建设,深入推进 IPv6 规模部署和应用,推进移动物联网全面发展,大力推进北斗规模应用;全面赋能经济社会发展,做优做大数字经济。培育壮大数字经济核心产业,研究制定推动数字产业高质量发展的措施,打造具有国际竞争力的数字产业集群。推动数字技术和实体经济深度融合,在农业、工业、金融、教育、医疗、交通、能源等重点领域,加快数字技术创新应用。

为了响应国家号召,本书依托国家重点研发计划项目"港珠澳大桥智能化运维技术集成应用",通过桥梁状态、桥梁数据传输、桥梁数据处理、桥梁数据应用四个方面,全流程介绍了港珠澳大桥建设中使用的物联网数据处理技术及其应用,为桥梁建设者,数字化大桥系统的使用者,以及广大对数字化大桥感兴趣的读者提供了参考。

1.2 物联网技术在桥梁结构健康监测的应用状况

桥梁健康监测一直以来都是国内外桥梁科研与建造团队的关注重点。由于国内外桥梁众多,本书选取国内外四座具有代表性的桥梁(丹麦的大贝尔特桥、韩国的珍岛桥、日本的明石海峡大桥和中国的港珠澳大桥)进行介绍。大贝尔特桥是桥岛隧的集成工程,于 1998 年建成,其桥梁监测系统代表着 20 世纪的先进水平;珍岛桥由两座相邻且相似的斜拉桥组成,其在桥梁形态、传感器部署方面具有显著特点,新桥和老桥的组合给桥梁监测带来了挑战,传感器的数目和种类随着建成时间的不同而异,具有较高的参考价值;明石海峡大桥是日本著名的悬索桥,专门设计了抗震、风力、海洋环境等监测系统,是现代桥梁工程的杰作;港珠澳大桥在桥梁组合、桥梁功能和桥梁结构方面与大贝尔特桥有一定的相似性,均为桥、岛、隧的组合方式,但其桥梁体量远超大贝尔特桥,地形、地貌等环境情况更加复杂,港珠澳大桥于2018年建成,配备了更先进、更现代化的桥梁监测系统。

1.2.1 大贝尔特桥

大贝尔特桥(丹麦语:Storebæltsbroen)是一座连接丹麦西兰岛和菲英岛的大桥,横跨大贝尔特海峡,于1998年8月建成通车。大贝尔特桥由西桥、海底隧道和东桥三部分组成,分为东、西两段,中间以斯普奥人工岛作为中间站。西桥从菲英岛到斯普奥岛,全长6.6km。大贝尔特桥如图1.2-1所示。

图 1.2-1 大贝尔特桥

为验证理论风洞试验与大桥实际状态,早在2001年,牛津大学的弗兰德森(J. B. Frandsen)在大贝尔特桥上部署了简易的数字化监测系统(图1.2-2),该系统包含了数个单向加速度计、风速计(含风速仪)和压力计,数据通过有线传输的方式,存储到计算机中。其中,杯状风速计和风向标安装在外碰撞屏障上,其距离桥面高度为2m,以持续测量风速和风向。为预防风速监测与桥梁周围实际自由风流速度不符,桥上风速使用了丹麦瑞斯(Risø)国家实验室在距离桥3km处的气象数据进行校准。数个加速度计被成对地安装在桥梁底部箱梁内。此外,他们在外碰撞屏障上安装了空速管,以测量静态和动态压力方面的参考压力。其余压力传感器部署在桥身内部,通过参考外部静态和动态压力,测得桥身内部压力。

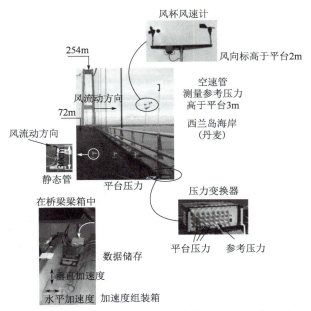

图 1.2-2　早期的大贝尔特桥数字化监测系统原型

随后,直到 2007 年,在通车运营将近 10 年之后,大贝尔特桥才安装了相对完善的数字化监测系统,主要包括路面温度监测、交通监测与应变监测三大子系统。

如图 1.2-3 所示,路面温度监测子系统主要安装在大贝尔特桥的两个不同横截面,每个横截面均配有两个温度传感器,传感器安置在慢车道的中央,一个在北侧车道(传感器 T1、T3),另一个在南侧车道(传感器 T2、T4)。这些传感器被埋设在路面磨耗层 1cm 深处,每 5min 采集 1 次数据。交通监测子系统则在收费关卡以小时为单位记录来往车辆,根据车辆的长度范围、高度范围和大致类别进行分类。应变监测系统包括 15 个单轴应变计(SG1~SG15),部署在东朝向的车道下。其中 10 个用于监测焊接处的横向标称应变,其余 5 个用于监测焊接处的纵向标称应变,部署情况如图 1.2-4 所示。应变计中采集的数据以 100Hz 频率采样,采集到的应变数据会被进一步地转换成压力数据,进而用于结构疲劳检测等应用中。

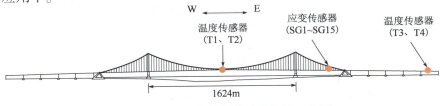

图 1.2-3　大贝尔特桥传感器部署示意图

图 1.2-4　大贝尔特桥应变计部署示意图

2010 年,大贝尔特桥的数字化监测系统又得到了进一步加强,其设置了 16 个加速度计,其中 14 个用于测量吊索振动,2 个用于测量横向桥面抖动。尽管如此,大贝尔特桥的数字化监测系统依然受限于传统的传感器、传输与计算手段,且有着浓重的时代色彩,难以应对日益精细化的桥梁智能化运维需求。

1.2.2　珍岛桥

珍岛桥是连接韩国海南郡和珍岛的两座斜拉桥组合(图 1.2-5)。第一座珍岛桥于 1984 年由现代工程建设有限公司建成,桥梁宽度为 11.7m;第二座珍岛桥于 2006 年建成,桥梁的宽度为 12.55m。这两座桥都部署了传统的基于有线传输的桥梁健康监测系统,为了完成更多的桥梁健康监测任务,珍岛桥同样部署了基于无线传感器网络技术的智能节点。

图 1.2-5　韩国珍岛桥

在感知层面,珍岛桥部署了传统的各类桥梁感知传感器。第一座珍岛桥有38个应变计、4个倾角计、2个风速计、2个地震加速度计、5个单轴电容加速度计和15个单轴压电加速度计。第二座珍岛桥有15个温度计、15个应变计、4个双轴测斜仪、2个串罐、2个激光位移计、24个光纤布拉格光栅传感器、20个单轴电容式加速度计、2个双轴力平衡式加速度计和3个三轴地震加速度计。除此之外,中国工程院外籍院士美国伊利诺伊大学香槟分校斯宾塞教授率团队在桥上部署了70个智能传感器节点,节点采用Imote2硬件平台,集成了IBB2400CA电池板、SHM-A多尺度传感器板(图1.2-6)以及三维超声波风速仪,能获取三轴加速度、温度、湿度、光照、风速等多种感知数据。

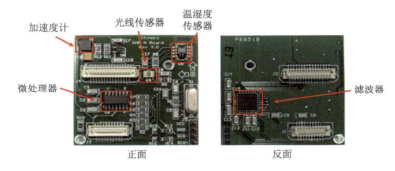

图1.2-6 SHM-A多尺度传感器板

在传输层面,由于采用的是无线传感器网络技术,珍岛桥针对性地设计了其网络拓扑来保证可靠的数据传输,其中首要的因素就是覆盖范围。珍岛桥全长484m,而带了外接天线的Imote2节点的通信范围在200m左右,无线传感器总数为70个,综合考虑通信范围和传输时间,珍岛桥的无线传感器网络划分为两个子网,分别为珍岛子网(Jindo Sub-Network)和海南郡子网(Haenam Sub-Network)。具体而言,珍岛子网包含33个节点,其中22个节点部署在桥面,3个节点部署在电缆塔中,8个节点部署在拉索上;海南郡子网包含36个节点,其中26个节点部署在桥面,3个节点部署在电缆塔中,7个节点部署在拉索上。每个子网均配有一个基站,包括一个工业级计算机(PC)、一个不间断电源以及一个网关节点,其核心能力包括:①向叶子节点发送消息;②存储从无线传感器网络中获取的数据;③进行数据处理;④通过因特网转发数据到远程服务器。无线传感器节点通过紫蜂(ZigBee)协议与基站中的网关节点进行通信,网关节点与计算机经过有线通过串口协议进行数据交换。

在业务层面,珍岛桥依托伊利诺伊斯结构健康监测项目(Illinnois Structural Health Monitoring Project,ISHMP)提供了一套完善的软件工具集,主要包含基础服务、应用服务和其他实用软件三方面组件。具体而言,基础服务的主要功能是为应用服务提供一些基础能力,包括网络时钟同步、数据一体化感知、短消息与长数据记录的可靠传输、网络命令的可靠分发等。应用服务则实现了一系列桥梁结构健康监测项目相关的数学算法,例如相关性函数估计、特征系统实现算法、随机子空间识别算法等。其他实用软件则提供了网络测试与调试、系统参数调整、功耗评估等辅助能力。桥梁管理人员或科研人员能够利用该软件工具集进行一系列的开发、测试与验证。

尽管珍岛桥作为当时韩国最大的斜拉桥,使用了当时最先进的无线传感器网络技术进行桥梁结构健康监测,然而其地理环境较为单一(仅有桥梁,未涉及岛屿与隧道),长度较短(全长仅484m),传统的基于 ZigBee 无线传输协议的无线传感器网络技术尚可以支撑,然而若面临更加复杂的地理环境(同时包含桥、岛、隧)、更大体量的桥梁(长度数十千米的跨海大桥),该方案将需要部署海量的无线传感器,对于数据的采集、处理,无线设备和网络的管理都将是巨大的挑战。

1.2.3　明石海峡大桥

日本明石海峡大桥(图 1.2-7)不仅因其为世界上第二长的悬索桥而闻名,还以其先进的健康监测系统而著称(图 1.2-8)。它于 1998 年 4 月 5 日通车运营,是横跨日本内海的本州四国大桥项目的主要组成部分。明石海峡大桥长 3911m,共有三跨(主跨长 1991m,两侧跨各长 960m),两座主塔高出海峡表面 297m,是当时世界上主跨最长的悬索桥。其通过基于监控维护(MBM)的技术,使桥梁维护工程师能够实时监控桥梁的状况。

明石海峡大桥在桥面、桥塔等位置安装了多个 GPS 定位系统,在主缆、吊索、索塔等处安装了应变、加速度、温度、风力等传感器。明石海峡大桥主跨长度为 1991m,结构极其灵活,固有频率低,需要高抗风能力,因此制定了明石海峡大桥的抗风设计标准(HSBA1990)。在施工过程中对桥梁进行了测试,结果显示其抗风能力为 78m/s,当风速超过该值时,监控系统会发出警告。明石海峡大桥可以承受里氏8.5级地震引起的加速度。通过对传感器数据融合处理后,监控系统能显示桥梁抵抗地震荷载和风荷载的状况。

图1.2-7　日本明石海峡大桥

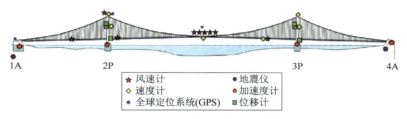

图1.2-8　明石海峡大桥健康监测系统

1.2.4　港珠澳大桥

港珠澳大桥是连接香港、澳门和广东珠海的大型跨海通道,于2009年12月15日动工,2018年5月23日完工,2018年10月24日建成通车;设计寿命为120年。其包含全世界最长的沉管隧道以及世界跨海距离最长的桥隧组合。

港珠澳大桥主体工程采用桥岛隧组合方案,穿越伶仃西航道和铜鼓航道段约6.7km采用隧道方案,其余路段约22.9km采用桥梁方案。其中桥梁结构部分包括青州航道桥(图1.2-9)、江海航道桥(图1.2-10)、九洲航道桥(图1.2-11)以及非通航孔桥。

港珠澳大桥主体工程结构健康监测系统范围同主体工程,涵盖范围包括:粤港分界线至珠海、澳门口岸的海中主体工程,总长约29.6km,包含长6.7km的海底隧道、两个离岸人工岛以及长22.8km的桥梁段(人可达到的结构物部位)。

图 1.2-9　青州航道桥

图 1.2-10　江海航道桥

图 1.2-11　九洲航道桥

　　在感知层面，港珠澳大桥部署了先进的桥梁传感器，包括但不限于数个机械式风速仪、三向风速仪、位移计、支座反力计、温湿度仪、光纤光栅应变传感器、单轴加速度计、三轴加速度计、压力变送器、强震记录仪、加速度计、索力加速度计、腐蚀计、北斗接收机、GPS接收机等设备共同完成桥梁结构主体的各项监测任务。针对不同桥梁、隧道,部署的数目也不尽相同,总数超过1000个。在传输方面,由于港珠澳大桥跨度大,传输距离远,且所有监测均采用有线部署,为了保证数据的可靠性和数据回传的稳定性,大桥应用了GPS时钟同步技术进行系统的采集同步和时间同步,能够实现全桥的振动信号同步采集功能,同时港珠澳大桥在每座桥梁、隧道上,均部署了机房,用于临时储存数据。所有信号会在桥梁、隧道的机房统一转换成光信号,回传至数据中心。

港珠澳大桥健康监测系统分为桥梁自动监测系统、隧道自动监测系统、人工岛自动监测系统、监控中心系统和结构健康监测系统等5个分部工程,其硬件系统架构示意如图1.2-12所示。

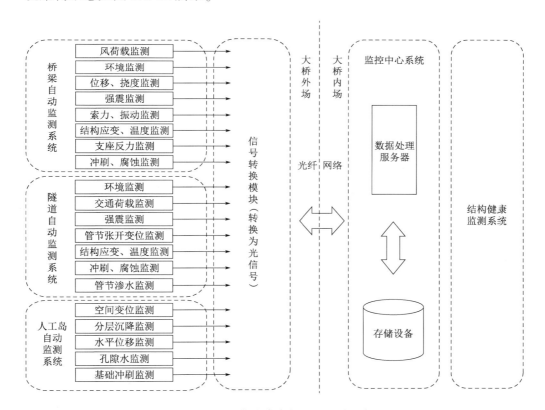

图1.2-12 港珠澳大桥硬件系统架构

港珠澳大桥主体工程结构健康监测系统根据功能划分为6个子系统。

(1)构件巡检维护子系统。采用智能巡检终端形式,完成结构巡检数据采集、数据管理及巡检养护等功能。巡检数据输入到中心数据库中,实现对巡检数据的平台化管理。

（2）结构健康监测子系统。通过各种传感器、采集设备，完成桥梁、隧道、人工岛等结构实时监测、数据采集、实时显示、远程传输及存储功能，为其他子系统提供结构实时监测数据源，满足数据处理、评级、评估、决策维护的需要。

（3）结构健康评级子系统。采用健康监测的各种数据处理分析方法和模型，完成对结构构件危险性评级、构件的易损性评级、构件外观性评级、结构综合性评级，并对各种评级结构形成评级报告，提供报告的查询、显示及下载功能。

（4）结构健康评估子系统。实现结构预警、损伤诊断及极限评估功能，并提供各种结构评估的报告，提供报告的查询、显示及下载功能。

（5）结构维护决策子系统。根据结构评级、评估、巡检维护子系统的输出结果，制定维护策略、方法、计划，并编制巡检养护手册，提供手册的在线查询和管理功能。

（6）数据管理子系统。其是整个桥梁、隧道巡检数据和实时监测数据的管理平台，实现对结构静态数据和动态数据的管理，提供数据维护、查询及报表打印等功能，提供数据的实时监测、数据查询与统计以及各种评估报告等业务功能。

港珠澳大桥的健康监测系统运用了多种技术，使得众多传感器产生的海量数据能按照相同的时间戳，安全地存储于数据中心，并为桥梁运维人员、桥梁研究人员提供强有力的支持。但同时，由于港珠澳大桥全线部署的是有线传感器，在后期运维以及传感器变更的灵活性上存在一定困难；且由于软件系统均部署在数据中心，没有边缘节点参与计算，也使得需要传输的数据量巨大，无效数据较多，无法完全满足当下越来越多项目的监测高实时性要求。

1.3 研究路线

根据研究背景与应用现状，分别从组网方式、时钟同步、数据传输、数据处理与计算等方面展开研究与示范，最终形成多模态多渠道海量数据采传收一体化与实时计算技术与系统,为桥梁结构监控监测提供无线组网方式,形成有线与无线的混合组网模式,提升数据处理速度、数据传输效率,满足高实时性场景需求,提升响应速度,助力大桥结构监控监测。研究路线如下:

(1)研究在大桥复杂环境下 5G 带宽不稳定情况下,提出抗干扰、自适应性强的传输机制,提升秒级网络带宽动态性能的预测精度。

(2)研究边缘计算负载动态迁移技术,以及边缘侧网络资源感知传感协同技术,通过在边缘侧对不同业务进行预处理,提高数据处理效率和实时性,并降低带宽与能量消耗。

(3)研究边缘侧的多集群管理技术和支持多 CPU 架构、多运行时环境的轻量级编排技术,提高系统稳定性。

(4)基于北斗系统的时钟同步技术,研究基于 NTP 协议的多终端传感器时钟同步协议机制及优化方法,为多元异构数据提供时钟一致性服务。

(5)针对桥梁结构健康监测的应用场景,研究面向桥梁结构健康监测场景的实时计算技术,提升数据计算效率,降低时延。

(6)研究支持多源异构数据处理的边缘计算系统架构,构建多类型边缘计算系统平台,形成基于边缘计算的海量数据采传收一体化技术方案,为桥岛隧巡检、维养设备以及边缘视频处理提供模型与算力支持,在台风等极端天气时提升响应速度。

(7)开展基于 5G+北斗的港珠澳大桥智能桥梁结构健康监测应用示范。广泛开展软硬件集成测试,采集真实环境数据,接入专业评估算法,全方位验证边缘智能硬件设备,以及多模态、多渠道海量数据采传收一体化与实时计算软件系统的实用性、稳定性与可靠性。

本章参考文献

[1] FRANDSEN J B. Simultaneous pressures and accelerations measured full-scale on the Great Belt East suspension bridge[J]. Journal of Wind Engineering and Industrial Aerodynamics,2001,89(1):95-129.

[2] CHO S,JO H,JANG S,et al. Structural health monitoring of a cable-stayed

bridge using smart sensor technology: deployment and evaluation[J]. Smart Structures and systems,2010(6):439-459.

[3] LONG L,ALCOVER I F,Thns S. Utility analysis for SHM durations and service life extension of welds on steel bridge deck[J]. Structure and Infrastructure Engineering,2022,18(4):492-504.

[4] FARRERAS-ALCOVER I,CHRYSSANTHOPOULOS M K,ANDERSEN J E. Regression models for structural health monitoring of welded bridge joints based on temperature, traffic and strain measurements[J]. Structural Health Monitoring,2015,14(6):648-662.

[5] FUJINO Y,MSIRINGORINGO D,IKEDA Y,et al. Research and Implementations of Structural Monitoring for Bridges and Buildings in Japan[J]. Engineering,2019,5(6):27.

第 2 章

多模态多渠道采传收一体化边缘计算技术

2.1 概述

2.1.1 初识边缘计算

近十几年来,云计算模式不断蓬勃发展,云的概念被人们所熟知。通过将分布式部署的分散资源虚拟化为云资源统一进行管理,云计算可以增强用户的计算能力,用户可以根据所需的计算能力进行配置,获取弹性、经济、安全的云服务,越来越多的应用被部署到云上,它们渗透到生活中的各个领域,如金融云、教育云、云游戏、云存储等。

物联网和5G技术的兴起使传统的云计算模式面临严峻的挑战。在集中式的传统云计算模式中,应用侧与云数据中心可能相隔很远的距离,因此云服务可能产生较高的时延甚至在波动的网络环境下丧失其可用性,而在物联网时代,每一个物体都可能成为网络的组成部分,传输的数据总量将达到ZB级别,云资源的使用问题更加突出,主要表现在:实时性不足,在自动驾驶等实时性要求较高的应用场景中,把数据传输到云计算中心再返回结果将产生不可接受的时延;带宽不足,将来自物联网设备的海量数据全部传输到云是不现实的;能耗成本高,访问云资源会消耗较多的能源,能耗成本逐渐成为云计算发展的瓶颈;隐私性不足,边缘的物联网设备可能包含一些家庭、企业、个人的隐私数据,用云端传输此类数据会增加泄露隐私的风险。

为了缓解传统云计算模式的巨大压力,提升云服务的可用性、安全性,边缘计算作为一种新型计算模式应运而生。通过云进行数据处理并不总是有效的,边缘计算技术允许在网络边缘处理数据,包括处理云服务的下游数据实现云服务器功能的下行,以及处理物联网的上游数据实现万物互联服务的上行,其中的"边缘"可以被定义为数据源与云数据中心之间的任何计算资源、网络资源。自2015年起,边缘计算这一概念开始引起业内的重视并飞速发展,如表2.1-1所示,边缘计算发展过程可以被概括为技术储备期、快速增长期、稳定发展期三个阶段,表中描述了在边缘计算发展初期的国内外研究中与边缘计算相关的概念定义、组织成立、项目研究等关键事件。

边缘计算发展历程　　　　　　　　　　　　　　表 2.1-1

发展阶段	时间(年)	关键事件
技术储备期	1998	提出内容分发网络(Content Delivery Network,CDN)概念
	2005	提出功能缓存概念
	2009	提出微云(Cloudlet)概念,实现云服务器功能下行
	2010	提出移动边缘计算(Mobile Edge Computing,MEC)概念
	2012	提出雾计算(Fog Computing)、海云计算(Cloud-Sea Computing)概念
	2013	提出边缘计算概念
快速增长期	2015	欧洲电信标准化协会(ETSI)发表 MEC 白皮书,成立 OpenFog 联盟
	2016	美国自然科学基金会(NSF)将边缘计算列为计算机系统研究突出领域;施巍松教授提出边缘计算正式定义;召开首个边缘计算为主题的顶级会议(ACM/IEEE Symposium on Edge Computing,SEC);华为、英特尔、ARM 等成立边缘计算产业联盟
	2017	召开首届中国边缘计算技术研讨会;中国自动化学会边缘计算专业委员会成立
稳定发展期	2018 至今	首部边缘计算专业书籍《边缘计算》由科学出版社出版;世界人工智能大会期间举办边缘智能主题论坛,将 Kubernetes(简称 K8s)引入边缘环境中

在边缘计算的技术储备期,定义了许多边缘计算相关概念,为边缘计算发展奠定了基础。内容分发网络(CDN)强调的是缓存技术,缓存服务器可以缩短云和用户间的传输距离,但仍然受到云中心负载均衡、内容的调度分发等模块的控制。微云(Cloudlet)则像是一个部署在网络边缘的微型云服务器,具备丰富的计算资源和良好的网络环境,可以实现云服务器功能的下行。移动边缘计算主要强调边缘服务器的中间作用,考虑不具备计算能力的边缘计算设备,借助边缘服务器为无线接入网内的移动用户提供云计算能力。雾计算与边缘计算很相似,但主要关注边缘网络中基础设施的分布式资源问题,而海云计算将计算资源划分为各种终端设备以及人类组成的"海"端和"云"端两部分,重点在于两部分资源之间的协作。现在所说的边缘计算,通常需要考虑云端与"海"端的各种设备之间的所有计算、存储、网络的资源,研究也不仅局限于边缘服务器等基础设施

的建设,终端设备的计算存储管理、云边端之间的相互协作都是研究的方向,旨在将云端功能下行和边端功能上行相结合,充分发挥不同空间计算资源的作用。

边缘计算技术的相关研究具有实际的生产意义,通过边缘计算将应用部署至更靠近数据产生者即用户,可以提供性能更佳、成本更低的优质服务。边缘计算在数据源附近执行计算,边缘的终端设备既是数据的消费者,也是数据的生产者,边端不仅需要从云服务中获取所需要的数据,也希望通过云服务与其他设备共享自己的数据,图 2.1-1 分别描述了云计算模式与边缘计算模式的结构。边缘计算模式产生更短的时延和更小的资源占用,在脸书(Facebook)、推特(Twitter)等社交应用中,平均每分钟的视频上传内容时长可达 72h,转发量接近 30 万次。在传统的云计算模式中,将产生的原始数据全部上传会占用大量的带宽资源,而如果在边缘一侧进行数据处理,如上传视频的剪辑、图片分辨率的调整等,可以在上传至云端之前大幅减少数据的传输量,节省时间和降低能耗。另外,本地对数据的预处理也可以加强对边缘隐私数据的保护。一些相关研究将计算从云移到边缘,并验证其服务效率,其中人脸识别程序的响应时间从 900ms 减少到 169ms,在可穿戴设备的任务执行中可以节省 80~200ms 的时间,使用边缘计算模式还可以减少 30%~40% 的能源消耗。边缘计算基于计算迁移、边缘缓存等技术,将云计算和边缘计算结合起来,可以大大提升云服务的服务质量。

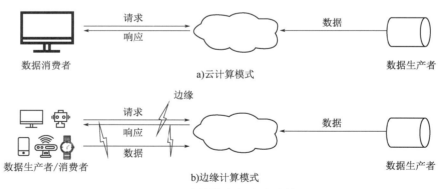

图 2.1-1 云计算模式与边缘计算模式

2.1.2 云原生边缘计算

云原生(Cloud Native)是一种构建和运行应用程序的方法,是一套技术体系和方法论,它将应用从传统的数据中心迁移到云平台,要求在程序设计时就考虑到云的环境,使云计算充分发挥云平台的弹性、分布式等优势。伴随着云计算在众多企业的广泛应用,如何更高效地利用云计算的基础设施成为云计算技术中最重要的问题之一,云原生理念开始引发越来越多组织和开发人员的关注。目前云原生并没有一个统一的定义,随着云原生技术的不断进步,云原生的定义也在不断变化,目前在描述云原生时通常采用马特·斯泰恩(Matt Stine)、毕威拓(Pivotal)公司和云原生计算基金会(CNCF)对云原生的定义。

Matt Stine 在 2013 年于 Pivotal 公司提出了原生云的概念,该公司是云原生应用架构的先驱者,这也通常被认为是云原生定义的首次提出,2015 年,他在《迁移到云原生架构》(*Migrating to Cloud-Native Application Architectures*)一书中提出,云原生架构应该具备 12 因素应用、微服务、自服务敏捷架构、基于 API 协作、抗脆弱性等特征,其中云原生应用的 12 因素如表 2.1-2 所示。2017 年,Matt Stine 重新归纳了云原生架构的六个特征,分别是模块化、可观察、可部署、可测试、可替换、可处理。这是他对云原生的最新定义,而 Pivotal 公司则将云原生概括为 DevOps(开发和运营维护)、持续交付、微服务、容器四大要点。

云原生应用的 12 因素　　　　表 2.1-2

因素	应用
代码库	每个可部署的 App 有一个独立代码库,可以在不同环境中部署多个实例
依赖	显式声明依赖关系
配置	配置或其他随发布环境变化的部分作为操作系统级环境变量,与代码隔离
后端服务	将通过网络调用的其他后端服务作为应用的附加资源
构建、发布、运行	严格分离构建、发布和运行
进程	以一个或多个无状态进程运行应用
端口绑定	通过端口绑定提供服务
并发	通过进程模型进行扩展
易处理	快速启动和优雅终止可最大化健壮性
开发、生产一致性	尽可能保持开发环境、预发布环境、线上环境相同
日志	把日志当作事件流
管理进程	后台管理任务当作一次性进程运行

边缘计算的核心在于将云计算的能力下沉到边缘侧,并进行统一的交付、运维、管控,通过引入容器技术,可以解决边缘计算中的运行依赖解耦、应用分发、

应用类型扩展等问题,但在复杂的生产环境中,多机通信、业务编排、应用的更新和管理等能力尤为重要,仅用容器化技术无法满足这一需求,因此,边缘计算平台开始与云原生技术相结合。云原生技术旨在在任何基础设施上提供和云上一致的功能和体验,有助于实现算力向边缘的下沉。基于云原生技术,可以实现云—边—端一体化的应用分发,在海量边缘侧设备上统一完成大规模应用的交付、运维和管控,可以更充分利用边缘计算低延时、高弹性等优势。随着云原生技术对异构资源的适用性不断提升,云原生技术可以在占用较少资源的同时,较好地支持不同 CPU 架构和通信协议。

  云原生技术与边缘计算的结合存在着诸多挑战。边缘节点的分布是全球化的,对于一些偏远地区而言,设备规模较小,网络状态较差,在小规模机器集群、不可靠的网络环境之下,保证冗余和业务异常迁移非常困难。集群还需要具备足够的节点同步能力,包括边缘节点间的同步和边缘节点与云中心的同步,为了提供弹性服务,集群要能跨节点进行数据同步和服务发现,由于边缘节点的存储限制,节点可能无法实现完全的数据持久化,数据的存放位置以及边缘和云中心的同步是解决问题的关键。Kubernetes(K8s)、服务网格等云原生技术通常只考虑中心内网的工作情况,但在边缘环境中通常会出现跨机房、跨公网等情形,产生了更多的安全性、稳定性方面的问题。

  针对上述问题,国内各大云服务提供商进行了多方面的尝试。Kubernetes 是当前最为流行的容器编排和调度服务,各大厂商基于 Kubernetes 开源了许多云原生边缘计算项目,以将 Kubernetes 和边缘计算结合起来,如华为云的 KubeEdge、阿里云的 OpenYurt、腾讯云的 SuperEdge 等。KubeEdge 项目于 2018 年 11 月开源,提供了边缘场景中的离线运行、云边协同等能力,在云端增加了 Cloud Hub 组件,在边端重写 EdgeCore 组件,对 Kubelet 的功能进行裁剪,以轻量化为原则,KubeEdge 降低了边缘组件的资源占用和故障概率。OpenYurt 于 2020 年 5 月开源,在云端(K8s Master)上增加 Yurt Controller Manager,Yurt App Manager 以及 Tunnel Server 组件,而在边缘端(K8s Worker)增加了 YurtHub 和 Tunnel Agent 组件。在完全兼容 Kubernetes API 的同时,OpenYurt 针对边缘场景中的时延、安全验证、流量最小化等问题提出了解决方案。SuperEdge 项目架构与 OpenYurt 类似,于 2020 年 12 月底开源。表 2.1-3 对比了三个开源项目架构。现有的云原生边缘计算解决方案虽然可以应对部分边缘场景,但大多只考虑了边缘环境中的服务治理方面,缺乏有效的全栈式云原生边缘计算架构,现有架构本身也具备一定的局限性,KubeEdge 由于侵入了 Kubernetes 的系统,需要面临与 Kubernetes 社区演进同步的挑战,OpenYurt 没有修改原生 Kubernetes 系统,但边缘节点过多时,Kube-apiserver 将承载很大的压力,原生的 Kubernetes 系统也将占用较多边缘节点的资源。

云原生边缘计算架构对比　　　　　　　　　　　表 2.1-3

项目	KubeEdge	OpenYurt	SuperEdge
开源时间	2018.11	2020.5	2020.12
侵入 Kubernetes	是	否	否
和 Kubernetes 无缝转换	无	有	未知
边缘自治	有	有	有
边缘单元化	不支持	支持	支持 Deployment
轻量化	是	否	否
原生运维监控能力	部分支持	全量支持	全量支持
云原生生态兼容	部分兼容	完整兼容	完整兼容
设备管理能力	有	无	无

2.2 跨海大桥边缘计算关键技术

边缘计算应用场景往往比较复杂,特别在跨海大桥场景下,存在着外部条件环境往往比较复杂、基础设施设备种类较多、施工维养状况多等现状,因此边缘计算技术用于跨海大桥的结构监控监测、交通运行状况监控等方面。为应对跨海大桥运维中的种种挑战,算力迁移、边缘缓存、数据压缩、安全保护、边缘设备管理、云边端协同等关键技术发挥着不可替代的作用。为解决边缘设备资源有限带来的局限性,算力迁移技术可以根据计算资源将任务合理分配到不同的边缘节点;边缘网络可能是非常遥远的,边缘缓存技术在边缘侧缓存热点内容,可以避免重复传输带来的网络链路压力及时间损耗;数据压缩技术对传输数据的规模进行压缩,同样对节约网络资源有非常重要的作用;在任务迁移、节点互联的过程中,边缘计算场景中出现了新的数据隐私泄漏问题,需要更加可靠的安全与隐私保护技术;边缘设备管理技术对布设的传感器进行管理与数据采集,满足跨海大桥中大量传感器的数据采集需求;边缘计算并不是云计算的替代品,如何结合云计算强大的数据处理能力和边缘计算实时快速的优势,是云—边—端协同技术的关键问题。

2.2.1 无线组网

无线传感器网络(Wireless Sensor Network,WSN)是一种无线、自组织、多跳的网络,通过大量低成本的传感节点设备协同工作完成感知、采集和处理网络覆盖区域内感知的对象信息并自动发送给观察者,从而达到对目标区域的检测。它综合了计算、通信及传感器技术,能够通过各类集成化的微型传感器协作实时监测、感知和采集各种环境信息,从而实现物理世界、计算机和人类的联通。

无线传感网是由部署在监测区域内大量微型而又廉价的节点组成,这些节点通常分为传感器节点(Sensor Node)、汇聚节点(Sink Node)、管理节点(Task Manage Node)。无线传感网组成如图2.2-1所示。这些传感器节点通过机器撒布或人工布置等方式部署在监测区域内,同时它们可以通过自组织的方式来构成无线网络。节点采集的信息通过其他节点的协助进行逐条传输,通过多跳中继方式将数据传输至汇聚节点,最后借助互联网、通信等技术将整个区域内采集到的数据信息传输至管理节点。最后用户通过管理平台对传感器网络进行配置和管理。

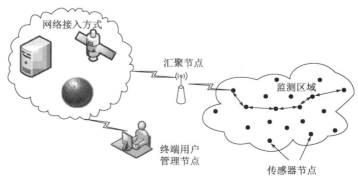

图2.2-1 无线传感网组成

（1）传感器节点。传感器节点是一个微型化的嵌入式系统，由感知模块、数据处理和存储模块、无线通信模块和能量供给模块构成，构成了无线传感网络的基础层支持平台。感知模块负责感知监控对象的信息；数据处理和存储模块负责存储和处理自身采集的数据以及其他节点发来的数据；无线通信模块完成节点间的交互通信工作；能量供给模块负责为节点的工作提供能量。

（2）汇聚节点。汇聚节点是连接传感网和互联网等外部网络的网关，用来实现两种协议间的转换。向传感器节点发布来自管理节点的监测任务，并把收集到的数据发到外部网络上。

（3）管理节点。管理节点用于动态管理整个无线传感网络，其所有者通过管理节点访问无线传感网的资源。

组织以上传感器节点的组网技术被称为该无线传感网的网络拓扑结构，有着多种拓扑结构和组网方式。从拓扑结构来看，无线传感网可分为平面网络结构、分级网络结构、混合网络结构和 Mesh 网络结构；从组网方式来看，又可以分为集中式、分布式和混合式。相应的无线组网技术也多种多样，涉及蓝牙、WiFi、ZigBee、6LoWPAN 和 WiMAX 等技术，不同组网技术各有千秋，在实际应用中，需综合考虑应用。

从硬件角度看无线传感器网络，每个节点包括传感、处理和无线通信三个模块，涉及微处理器、存储单元、传感器和无线收发模块等。在无线传感网低功耗的应用场景中，通常节点设计的目标是小体积、低能耗。

（1）传感模块。传感模块的主要任务是采集节点周围的环境数据，并将这些数据传输到微处理器处理。该模块通常通过连接传感器来采集环境数据，其中相应传感器的选择要考虑检测对象、能耗、精度和采样频率等。

（2）处理器模块。处理器模块是传感器节点的核心部件，其主要任务包括数据采集控制、通信协议处理、任务调度、能量管理和数据融合等。在无线传感器网络中，传感器节点对处理器有着较高的需求，因为处理器在很大程度上影响着节点的灵活性和能耗。目前市面上的处理器适合传感器网络的仅有两大类，一类是包括 Intel 8051、PIC、Atmel AVR 系列和 TI MSP430 系列等在内的微控制器；另一类是包括 ARM 系列和 Intel XScale 系列等在内的嵌入式 CPU。除这两类处理器外，如果节点的任务明确且计算量大，可以使用数字信号处理器（Digital Signal Processor,DSP)和现场可编程门阵列(FPGA)。

（3）无线通信模块。传感器节点通过无线通信模块与其他节点进行无线通信、交换数据等。该模块的物理实现主要是通过无线收发机,包括信号的射频收发、调制解调和数模转换等。

从整体的节点硬件架构来看,目前业界与学界已发展出多套适用于无线传感网的硬件系统,包括 BTnode rev2/rev3、Imote/Imote2、Mica/Mica2/Mica2DotMicaZ、WiseNet 等;通常这类系统皆具有低成本、低功耗和微小化的特性,非常适合应用于无线传感器网络。

其中以 Imote2(图 2.2-2)为例,它集成了低功耗的 Intel PXA271 XScale CPU,该处理器可工作于低电压(0.85V)、低频率(13MHz)模式,从而实现低功耗操作,同时 Imote2 还使用动态电压调节技术,频率范围从 13MHz 到 416MHz。无线通信模块,Imote2 兼容 CC2420 IEEE 802.15.4 的射频芯片,支持 2.4GHz 带宽 16 通道 250kb/s 数据传输率,其表面安装有 2.4GHz 的天线,其标准接收范围是 30m。正反两面都设计有扩展接口等标准组件,包括 I2C、2 个同步串口(SPI)、3 个高速 UAR,其中 1 个同步串口连至射频器,还装有电池板,可连接电源为系统供电。因此,Imote2 是一款先进的无线传感器节点平台。

图 2.2-2　Imote2 示意图

在现代社会中,一种新技术的规模应用大都建立在成功实现标准化的基础上。电气与电子工程师协会(Institute of Electrical and Electronics Engineering,IEEE)于 2004 年针对低速无线个域网络制定了 IEEE 802.15.4 标准。该标准和传感器网络有很多相似之处,在低功耗场景、低复杂组网技术等方面取得了广泛的认同,是最受欢迎、应用最广、最核心的标准。不同领域的几个标准化组织尝试在 IEEE 802.15.4 标准上开发各具特色的低功耗网络技术。其中，ZigBee、WirelessHART、ISA 100.11a 和 WIA-PA 几种标准都是基于 IEEE 802.15.4 标准的标准化尝试，尤其是 ZigBee 得到了广泛的应用。

另外，虽然蓝牙和 WiFi 组网技术功耗较高，不太适合低功耗场景，但是此类技术仍可以应用在一些对节点功耗、体积要求不太严格的场合。

1）基于 IEEE 802.15.4 的传感网协议

IEEE 802.15.4 由美国电气电子工程师协会（IEEE）于 2003 年 10 月发布，覆盖了低速无线个域网的物理层和 MAC 层。IEEE 802.15.4 标准致力于实现低成本、可移动设备之间的低复杂度、低功耗的无线连接，让自由的短距离通信成为可能。为了控制无线产品的总体成本，同时降低设备功耗以延长供电电池寿命，IEEE 802.15.4 协议在多个性能指标上作出合理的权衡。

ZigBee 协议，又称"紫蜂"协议，是基于 IEEE 802.15.4 标准产生的低功耗短距离无线网络协议。IEEE 802.15.4-2003 ZigBee 规范于 2004 年 12 月 14 日被批准。ZigBee 联盟于 2005 年 6 月 13 日宣布推出 ZigBee 1.0 版本，此版协议被称为 ZigBee 2004 规范。2007 年，ZigBee 联盟推出 ZigBee PRO，为 ZigBee 的第三个标准，也称为 ZigBee 2007。ZigBee 协议栈的物理层和 MAC 层就是由 IEEE 802.15.4 标准定义，而上层的网络层和应用层由 ZigBee 联盟定义。

ZigBee 技术是一种网络容量大、节点体积小、近距离、低成本、低功耗、低数据传输速率的无线通信技术，其目标是建立一个无所不在的传感器网络，具有低功耗、低速率、低成本、组网灵活等优点。其主要适用于自动控制和远程控制领域，可以嵌入各种设备中，同时支持地理定位功能，典型应用包括智能家居、路灯监控、农业工业监控等。

如图 2.2-3 所示，在 ZigBee 网络内节点主要分为 3 种逻辑设备类型，分别为协调器（Coordinator）、路由器（Router）和终端设备（End-Device）。协调器负责启动整个网络，是网络的第一个设备，同时也可以用来协助建立网络中安全层和应用层的绑定；路由节点主要协助终端节点的通信；终端节点主要负责采集数据的发送。一个 ZigBee 网络由一个网络协调器、多个路由器和多个终端设备组成。

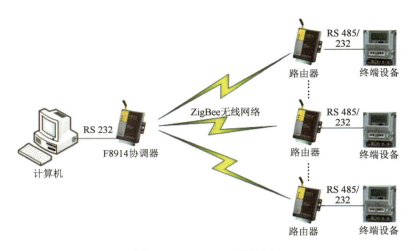

图 2.2-3　ZigBee 逻辑设备

2）蓝牙低功耗协议（BLE）

蓝牙是一种低功耗、短距离通信技术规范，支持点对点及点对多点通信，工作频段在 2.4GHz ISM，使用 IEEE 802.15 协议，通信距离在 10m 左右。蓝牙技术由爱立信公司于 1994 年推出，起初的目的是在移动电话和其他配件间进行低功耗、低成本无线通信连接。1999 年，由索尼、爱立信、IBM、英特尔、诺基亚、东芝组成蓝牙技术联盟（SIG），负责维护其技术标准。蓝牙技术联盟不断发展扩大，同时也推进着蓝牙技术的不断演进。2010 年，蓝牙技术联盟推出了蓝牙 4.0 规范。其最重要的特性是低功耗，此版本的蓝牙被称为低功耗蓝牙，即 BLE（Bluetooth Low Energy）。

3）第五代移动通信技术（5G）

当前第五代移动通信网技术（5G），是最新一代的通信技术，为 4G（LTE-A、WiMAX-A）的延伸，其理论峰值传输速度可达 20Gbit/s，比 4G 的传输速度快数百倍。5G 的性能目标是提高数据传输速率、减少延迟、节省能源、降低成本、提高系统容量和大规模设备连接，可以实现宽通道带宽和大容量 MIMO（多进多出）。目前，为电信运营商提供 5G 无线硬件与系统的公司有诺基亚、爱立信、三星、高通、思科、华为、中兴、大唐电信等。

与早期的 2G、3G 和 4G 移动网络一样，5G 网络是数字信号蜂窝网络，在这种网络中，供应商覆盖的服务区域被划分为许多被称为蜂窝的小地理区域。表示声音和图像的模拟信号在手机中被数字化，由模数转换器转换并作为比特流传输。蜂窝中的所有5G无线设备通过无线电波与蜂窝中的本地天线阵和低功率自动收发器(发射机和接收机)进行通信。收发器从公共频率池分配频道,这些频道在地理上分离的蜂窝中可以重复使用。本地天线通过高带宽光纤或无线回程连接与电话网络和互联网连接。与现有的手机一样,当用户从一个蜂窝移动到另一个蜂窝时,他们的移动设备将自动"切换"到新蜂窝中的频道。

5G网络的主要优势在于,数据传输速率远远高于以前的蜂窝网络,最高可达10Gbit/s,比先前的4G LTE蜂窝网络快100倍。另一个优点是较低的网络延迟(更快的响应时间),在同等条件下5G的延迟低于1ms,而4G为30~70ms。由于数据传输更快、更便利,5G网络将不仅仅为手机提供服务,而且还将成为一般性的家庭和办公网络提供商,与有线网络提供商竞争。以前的蜂窝网络提供了适用于手机的低数据率互联网接入,但是一个手机发射塔不能经济地提供足够的带宽作为家用计算机的一般互联网供应商。

作为一种无线通信技术,5G技术最基础的资源是频谱,然而频率资源也是有限的,为了避免干扰和冲突,将电波这条"公路"划分为不同的"车道"——频段,分配给不同的对象或用途,移动通信之前主要使用的是中频~超高频频段。目前主流的4G LTE属于超高频或特高频;我国LTE主要在1.8~2.6GHz的特高频频段。随着移动通信技术的不断发展,使用的频率越来越高,这是因为频率越高,移动通信与其他无线电业务竞争频谱的机会越大,可获得的连续频带越宽,速度越快。也就是说,更高的频率会带来更大的带宽,进而提供更快的速度。5G技术通过在30~300GHz的毫米波波段内或附近,使用更高频率的无线电波来实现这些更高的数据速率。一些5G供应商会使用微波频段中的第二个低频范围(低于6GHz),但这不会有新频率的高速度。由于毫米波频段的带宽更为丰富,5G网络将使用更宽的频道与无线设备进行通信,带宽最高可达800MHz,而4G LTE的带宽为20MHz,可以每秒传输更多数据(比特)。5G使用了OFDM调制技术以利用多个载波在频率信道中进行传输,从而同时并行地传输多个比特的信息。

2017年,我国工信部正式为5G系统规划了中频段频率资源:3.3~3.6GHz和4.8~5.0GHz。由于中频段兼具覆盖性和较大带宽,是我国目前5G发展的重点频段。同时,26GHz、40GHz等高频段正在开展研究当中。以26GHz为例,其波长约为11.5mm，这是5G技术中的一部分——使用毫米波。5G采用高频段面临的最大问题是覆盖能力会大幅度减小。为了提供更优质的覆盖效果，5G提出了新的解决方案——采用微基站。而之前大范围覆盖的基站被称为宏基站，微基站的建设成本大大降低。而且基站小巧，数量越多，覆盖越好，速度越快。

大气中的气体会吸收毫米波，且毫米波比微波辐射的范围小，因此每个分区可达范围会有所限制；例如以前的蜂窝网络的分区可能横跨数千米，但5G分区大约只有一个街区的大小。电磁波也很难穿过建筑物的墙壁，需要多个天线来覆盖一个蜂窝。毫米波天线比以前的蜂窝网络中使用的大型天线要小，只有几英寸（1英寸为25.4mm）长，所以5G蜂窝可安装在电线杆和建筑物上，由许多天线覆盖，而不是一个基站塔或基站。另一种用来提高数据传输速率的技术是大规模MIMO技术。每个蜂窝将有多个天线与无线设备进行通信，每个天线通过一个独立的频道，由设备中的多个天线接收，这样多个数据流将同时并行传输。在一种称为波束赋形的技术中，基站计算机将不断计算无线电波到达每个无线设备的最佳路径，并将组织多个天线以相控阵（也称"相位数组"）的形式协同工作，产生到达设备的毫米波束。

新的5G无线设备也具有4G LTE功能，因为新的网络使用4G与蜂窝创建连接。5G的高数据传输速率和低延迟的特性被认为在不久的将来会有新的用途。一种应用是实际的虚拟现实和增强现实，另一种应用是物联网中快速的机器对机器的交互。例如，道路上车辆中的车载计算机系统可以通过5G连续不断地相互通信，也可以连续不断地与道路通信。

从技术特点上看，5G技术的主要特点可概括为如下6点：

（1）高速度

与4G相比，5G首先要解决的问题就是速度提升的问题。随着网速的提升，用户体验得到极大的提升。只有这样，当网络面向VR/UHD业务时，才能不受限制。因此，5G的首要特征便是定义了速度的提升。事实上，5G规范要求速度高达20Gbit/s，可以实现宽通道带宽和大容量MIMO，尽管这样的速率是理论上的，但这样的速度意味着用户可以每秒下载一部高清电影，并且还可能支持VR视频。如此高的速度为未来对速度有高要求的业务提供了机会和可能，也为未来基于5G的应用勾勒出了美好的前景。

(2）泛在网

随着业务的发展,网络业务需要无所不包、广泛普及。只有这样,才能支持更丰富的服务,才能在复杂的场景下使用。网络广泛覆盖是指人们社会生活中需要广泛覆盖的各个地方。过去,高山峡谷不一定需要网络覆盖,因为人少。但是,如果5G能够覆盖,就可以部署大量的传感器来改变环境、空气质量,甚至地貌、地震监测,这是非常有价值的。5G可以为更多应用提供网络。另外,虽然人们生活的很多场景中已经有网络部署,但仍需要进入更高质量的深度覆盖。随着5G的到来,人们生活中许多网络质量较差的厕所和地下停车场,也可以通过良好的5G网络进行广泛覆盖。在某种程度上,泛在网络比高速网络更重要。这是因为仅仅在少数地方建立一个非常高速的网络并不能保证5G的服务和体验。泛在网络是5G体验的根本保障。在第三代合作伙伴计划(3GPP)的三个场景中,都没有提到泛在网络,但泛在网的需求广泛分布在所有场景中。

(3）低功耗

为了支持大规模物联网应用,5G必须考虑其功耗要求。以智能手表为例,Apple Watch虽然广受欢迎,但其需要每天充电,因而被许多用户诟病。所有物联网产品都需要通信和能源,虽然今天可以通过多种方式实现通信,但能源的供应只能依靠电池。如果通信过程消耗大量能量,物联网产品将很难被用户广泛接受。

如果能够降低功耗,大多数物联网产品每周充电一次,甚至一个月充电一次,这将大大提升用户体验,促进物联网产品的快速普及。eMTC基于LTE协议演进。为了更适合物与物之间的通信并降低成本,LTE协议进行了量身定制和优化。eMTC基于蜂窝网络部署,其用户设备支持1.4MHz射频和基带带宽,可直接接入现有LTE网络。eMTC支持最大1Mbit/s的上行和下行峰值速率。NB-IoT建立在蜂窝网络上,仅消耗大约180kHz的带宽,可直接部署在GSM网络、UMTS网络或LTE网络上,降低部署成本,实现平滑升级。

NB-IoT实际上可以基于GSM网络和UMTS网络进行部署。不需要像5G的核心技术那样重建网络。然而,虽然它部署在GSM和UMTS网络上,但它仍然是一个重建网络。其大幅降低功耗的能力也是为了满足5G对低功耗物联网应用场景的需求。与eMTC一样,它是5G网络系统的组成部分。

（4）万物互联

在传统通信中，终端数目是非常有限的。而在未来的 5G 时代，终端不是由人定义的，因为每个人可能有几个甚至几十个网络终端。数据调研表明，2018 年，中国移动终端用户已达 14 亿，其中以手机为主。通信行业对 5G 的愿景是每平方千米可支持 100 万个移动终端。未来，接入网络的终端不仅仅是我们今天的手机，还会有更多的产品。可以说，我们生活中的每一款产品，如眼镜、手机、衣服、皮带、鞋子，都可能通过 5G 接入网络，成为智能产品并进入智能时代。有了 5G 网络，我们的家居生活更智能。而社交生活中的大量以前无法连接到互联网的设备也将在互联网上运行，变得更加智能。以前，汽车、井盖、电线杆、垃圾桶等公共设施都很难管理，也很难智能化，而 5G 可以让这些设备成为智能设备。

（5）低时延

5G 的一个新场景是无人驾驶与工业自动化的高可靠连接。无人驾驶、智慧港口等工业自动化领域中对延时的容忍度远低于传统网络通信场景中的延时容忍度。5G 对时延的最低要求是 1ms，甚至更低，这对网络提出了苛刻的要求，而 5G 是这些新领域应用的必然要求。

以很多人所畅想的无人驾驶汽车这一应用场景为例，该场景需要在中央控制中心和汽车之间进行互联，汽车与汽车之间也应互联。在高速行驶中，一个制动需要瞬间发送信息给车辆做出反应，大约 100ms 时间，车辆会冲出几十米，这需要最短的时间延迟给车辆发送信息进行制动和控制。无人机更是如此，例如，数百架无人机编队飞行，很小的偏差就会导致碰撞和事故。这需要在非常小的时间延迟内将信息传输到飞行的无人驾驶飞机。在工业自动化过程中，如果要对机械臂进行极其精细的操作，以确保工作的高质量和准确性，还需要最小的时间延迟和最及时的响应。这些特性在传统的人与人交流甚至人机交流中都没有那么苛刻，因为人类的反应相对较慢，不需要机器的高效率和精细化。无论是无人机、无人车，还是工业自动化，都在高速运转，还要保证信息的及时传输和高速的及时响应，这对时延提出了极高的要求。

为了满足低时延的要求，在 5G 网络的建设中需要寻找各种方法来降低时延。边缘计算等技术也将被应用到 5G 网络架构中。

(6)高安全

传统互联网要解决信息的传输速度和无障碍传输的问题。自由、开放、共享是互联网的基本精神,但智能互联网是建立在 5G 基础上的。智能互联网不仅能实现信息传递,更是为社会和生活建立了新制度、新机制。智能互联网的基本精神是安全、管理、高效、便捷。安全是继 5G 之后智能互联网的第一要求。假设 5G 建成了,但安全系统没有重建,那将存在巨大的隐患。

在 5G 网络建设中,安全是基础。从网络建设之初,就应该建立安全机制。信息应加密,网络不应开放。特殊业务需要建立特殊的安全机制。网络不是完全中立和公平的。举个简单的例子:在网络保障方面,普通用户可能只有一个系统来保证自己的网络畅通,用户可能会面临拥塞。然而,智能交通系统需要多个系统来保证其安全运行和网络质量。当网络拥堵时,智能交通系统的网络必须畅通无阻。而该系统是一般终端无法接入进行管理和控制的。

独立运营的 5G NR 规范于 2018 年完成,这一规范为超越非独立的 5G 核心网提供了一套完整的规范。3GPP 定义了 5G 应用场景的三大方向——eMBB(增强型移动宽带)、URLLC(超可靠低延迟通信)、mMTC(大规模机器类型通信)。eMBB 场景是指在现有移动宽带业务场景的基础上,对于用户体验等性能的进一步提升,主要还是追求人与人之间极致的通信体验。mMTC 和 URLLC 则是物联网的应用场景,但各自侧重点不同:mMTC 主要是人与物之间的信息交互,URLLC 主要体现物与物之间的通信需求。

(1)eMBB

5G 非独立部署的初始阶段侧重于 eMBB,它提供更大的数据带宽,并辅以 5G NR 和 4G LTE 的适度延迟改进。这将有助于开发当今的移动宽带用例,例如新兴的 AR/VR 媒体和应用程序、UltraHD 或 360°视频流等,并在现有移动宽带业务场景的基础上,提升用户体验。

(2)URLLC

超可靠低延迟通信(Ultra-Reliable and Low Latency Communications,URLLC),是一种 5G 特性标准,被用于对时延和可靠性具有极高指标要求的工业、物联网应用场景,例如自动驾驶、智能电网、VR、工厂自动化等领域。

（3）mMTC

mMTC 将在 6GHz 以下的频段发展，同时应用在大规模物联网上，窄带物联网（NB-IoT）的发展显而易见。以往普遍的 WiFi、ZigBee、蓝牙等，属于家庭用的小范围技术，回传线路（Backhaul）主要都是靠 LTE，近期随着大范围覆盖的 NB-IoT、LoRa 等技术标准的出炉，有望让物联网的发展更为广泛，也将有利于人与物之间的信息交互。

通信的目的是更好、更多、更快地传输信息，这个过程在 1G 到 5G 的发展过程中遵从于通信的基本定律——香农定律。从香农定律来看，人类未来如果想实现更好的通信，将会采用更大的带宽，甚至更高的频率。比如在畅想 6G 愿景时，人们提出了可见光通信以及太赫兹技术，这些领域的通信将会面临比毫米波更大的技术挑战，也会对网络部署提出新的课题。此外，还有很多关于频谱共享的研究，以期未来不同通信系统可以共用频谱，使频谱的使用可以越来越灵活。不管如何发展，万变不离其宗的是"用好存量，找好增量"这两个频谱利用的永恒课题。未来如何，我们拭目以待。

从频段资源的占用角度看，5G 网络所使用频段在总体上被分为两个频率范围：Frequency Range 1（FR1），包括 6GHz 以下（sub-6GHz）的频段，目前扩展到 410～7125MHz；Frequency Range 2（FR2），包括毫米波范围内的频段，准确为 24.25～52.6GHz。FR2 的范围更小，但是可用频段比 FR1 更多。

为了优化移动设备的信号强度，5G 中还使用了模拟和数字波束成形的组合。对于移动通信来说，波束成形并不是新词，因为现在 LTE 网络已经在广泛使用数字波束成形技术。然而，对于 5G，信号传播的挑战和较小的天线尺寸进一步激发了模拟波束成形技术的广泛应用。在 24GHz 以上，较窄波束宽度的模拟波束成形可使 5G 基站更有效地控制下行链路信号。该过程首先涉及波束扫描，因此基站可以识别特定移动设备的最有效波束位置。这种方法可让下行链路传输的接收者受益于更高的信号强度，特别是在使用高阶调制方案的情况下。然而，波束成形最终会带来重大的测试挑战，因为不仅需要对每个波束进行特性分析和测试，而且还需要通过空中测量来验证无线电性能。

5G 网络从组网架构的角度看，包含独立组网和非独立组网模式。在非独立组网模式下，移动设备同时使用 4G 和 5G 网络，保持与 LTE eNB 和 5G gNB 的连接。根据 5G 非独立组网模式规范,独立组网模式已于 2018 年 6 月完成。同时,新空口支持同时使用 LTE 和 NR 收发器,重点关注了如何提高电源效率和减少干扰。尽管 5G 已经有许多候选波形,但 NR 的第一阶段将使用正交频分复用(OFDM)波形。5G 空口下行链路使用的 OFDM 具体形式是循环前缀——OFDM,也是 LTE 标准中下行链路信号采用的波形。但是,与 LTE 不同,5G NR 还在上行链路中使用基于 CP-OFDM 和 DFT-S-OFDM 的波形。还有一点与 LTE 不同的是,5G NR 允许子载波间隔存在显著变化。LTE 子载波之间的间隔几乎总是 15kHz,而 5G NR 允许子载波采用 15kHz×2n 的灵活间隔方案。在 5G 空口中,允许的最大子载波间隔为 240kHz,但这仅用于载波带宽为 400MHz 的场景。

如图 2.2-4 和图 2.2-5 所示,5G 网络整体架构主要由 5GC(5G 核心网)、NG-RAN(无线接入网)、UE(用户终端)组成,5GC 由 AMF(访问和移动管理功能)、UPF(用户面功能)、SMF(会话管理功能)组成。ng-eNB 或 gNB 用于负责 UE 接入 5GC 相关功能。

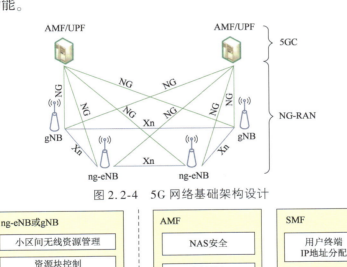

图 2.2-4 5G 网络基础架构设计

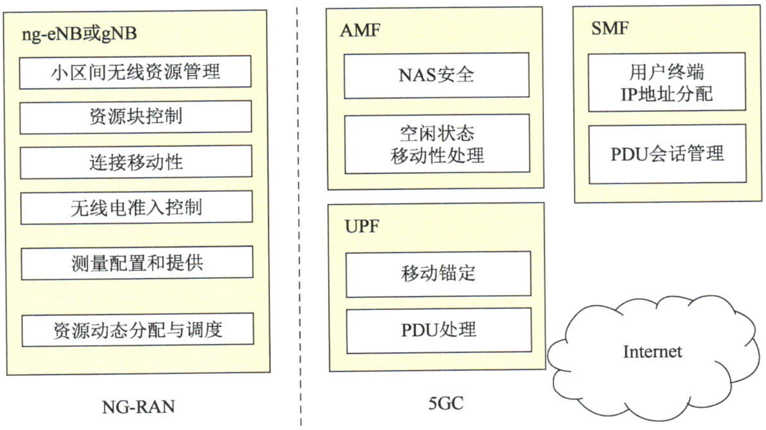

图 2.2-5 5G 网络中不同模块功能架构

5G 基站主要就是负责 NG-RAN 的服务。5G 无线接入网主要包括两种节点：gNB 和 ng-eNB。其中 gNB 为向 UE 提供 NR 用户面和控制面协议终端的节点，并且经由 NG 接口连接到 5GC；ng-eNB 为向 UE 提供 E-UTRA 用户面和控制面协议终端的节点，并且经由 NG 接口连接到 5GC。换言之，gNB 是独立组网需要用到的，而 ng-eNB 为了向下兼容 4G 网络，为了不同核心网而生。而 gNB 和 gNB 之间、gNB 和 ng-eNB 之间、ng-eNB 和 gNB 之间的接口都为 Xn 接口。Xn 接口也即 NG-RAN 节点之间的网络接口。gNB 和 ng-eNB 通过 NG 接口与 5GC 相连接，具体地，通过 NG-C 接口与 AMF，通过 NG-U 接口与 UPF 相连接。

如图 2.2-6 所示，在 NG-RAN 架构中，信令和数据传输网络逻辑分离，NG-RAN 和 5GC 与数据传输相互独立。NG-RAN 和 5GC 的寻址方案和数据传输的寻址方案没有相关性，即同一个设备中，数据传输功能不是 NG-RAN 或 5GC 的一部分，且 RRC 连接的移动性完全由 NG-RAN 控制。NG-RAN 由一系列通过 NG 接口连接到 5GC(5G 核心网)的 gNB 组成，gNB 支持 FDD 模式，TDD 模式或双模式。NG、Xn、F1 都是逻辑接口，gNB 之间通过 Xn 接口相互连接；一个 gNB 由一个 gNB-CU 和一个或者多个 gNB-DU 组成，gNB-CU 与 gNB-DU 之间通过 F1 接口连接；gNB 通过 NG 接口与 5GC 相连接。UE 和 gNB-DU 通过空口进行连接。gNB-DU 只能与一个 gNB-CU 建立连接，为了恢复能力，通过合理的设置，一个 gNB-DU 也许能被多个 gNB-CU 连接。对于 NG-RAN，gNB 的 NG 接口和 Xn-C 接口在 gNB-CU 中终止，对于 EN-DC，gNB 的 S1-U 和 X2-C 接口同样也是终止与 CU。gNB-CU 和其连接的 gNB-DUs 对于其他的 gNB 和 5GC 视为 gNB。

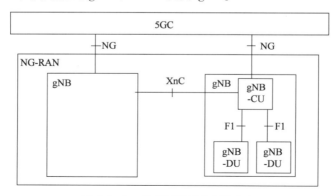

图 2.2-6　5G 网络不同功能分布

如图 2.2-7 和图 2.2-8 所示，gNB 架构主要由 CU-C、CU-U、DU 3 种网元组成，依据 3 种网元部署方式的不同，可以分成 3 种不同系统架构模型：CU-C、CU-U、DU 一体化架构模型、CU（包括 CU-C 和 CU-U）、DU 分离模型和 CU-C、CU-U、DU 全分离模型。gNB 采用的是 gNB-CU-CP 和 gNB-CU-UP 分离的架构，一个 gNB 由一个 gNB-CU-CP、多个 gNB-CU-UP 以及多个 gNB-DU 构成。它们之间的关系如下：gNB-CU-CP 通过 F1-C F1-CF1-C 接口与 gNB-DU 连接；gNB-DU 通过 F1-U F1-UF1-U 接口与 gNB-CU-UP 连接；gNB-CU-UP 通过 E1 E1E1 接口与 gNB-CU-CP 连接；gNB-DU 只和一个 gNB-CU-CP 相连接；gNB-CU-UP 只和一个 gNB-CU-CP 相连接；一个 gNB-DU 可以与同一个 gNB-CU-CP 控制下的多个 gNB-CU-UP 相连接；一个 gNB-CU-UP 可以与同一个 gNB-CU-CP 控制下的多个 gNB-DU 相连接。

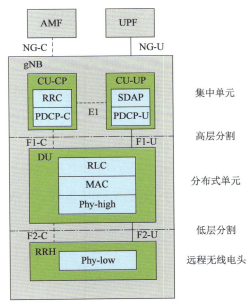

图 2.2-7　5G 网络不同层次功能分割示意图

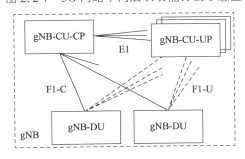

图 2.2-8　5G 网络 gNB 中 CU 与 DU 架构设计

从功能上看，CU-C 是 CU 协议栈控制面板，其通过 NG、F1、Xn、E1 接口与 5GC、DU、gNB、CU-U 进行信令交互，并负责 RRC 连接与控制、承载建立/释放、测量管理、移动性、系统消息广播等。此外，还负责接纳控制、负载控制、无线资源管理等 RRM 功能及对 UE 和 Cell 不同流程中进行相应的参数配置或者状态管理。CU-U 主要用于通过 upApp 线程接收配置消息、上行业务数据和下行业务数据，并将收到的配置消息和业务数据分发至对应 work 线程中，在 work 线程中处理对应时间。DU 主要功能又划分成 DU-PHY 和 DU-UP 来进行表述，DU-PHY 总体上负责完成上下行物理信道的信号处理，及其他与物理层 L1 相关的接口和 OAM 处理；DU-UP 负责 DU 上用户面的处理，包括高层业务数据和 RRC 消息。DU-UP 包括 RLC、MAC 两部分协议处理，对上承接 CU-U 上的 PDCP 层，对下则与 PHY 层相连。RLC 服务链路层的处理，如数据的分段、串接、重传和确认等，而 MAC 层负责给予业务特性的调度处理，以及物理层各种信道的适配处理。

传统基站通常包括 BBU（主要负责信号调制）、RRU（主要负责射频处理）、馈线（连接 RRU 和天线）和天线（主要负责线缆上导行波和空气中空间波之间的转换）。而 5G 可以适应于不同场景，不同场景的性能需求其实很不同，有的追求网速，有的追求时延，有的追求连接数、能耗等。为了更灵活地应对场景需求，5G 的解决方案是拆分 BBU/RRU、核心网下沉和网络切片，如图 2.2-9 所示。具体而言，在 5G 网络中，接入网不再是由 BBU、RRU、天线组成，而是被重构为 CU + DU + AAU。其中 CU 为集中单元，是从原 BBU 的非实时部分将分割出来，重新定义为 CU，负责处理非实时协议和服务；DU 是分布单元，原先 BBU 的剩余功能重新定义为 DU，负责处理物理层协议和实时服务。而 AAU 为有源天线单元，原先架构中 BBU 的部分物理层处理功能与原 RRU 及无源天线合并为 AAU。经过对传统基站架构的拆分重构后，5G 基站架构中的 CU、DU、AAU 可以采取分离或合设的方式，出现多种网络部署形态。这些部署方式的选择，需要同时综合考虑多种因素，包括业务的传输需求（如带宽、时延等因素）、建设成本投入、维护难度等。图 2.2-9 展示了四种不同的部署形态，其中第一种部署方式与传统 4G 宏站一致，CU 与 DU 共硬件部署，构成 BBU 单元；第二种部署方式中 DU 部署在 4G BBU 机房，CU 集中部署；第三种部署方式中 DU 集中部署，CU 更高层次集中；第四种部署方式中 CU 与 DU 共站集中部署，类似 4G 的 C-RAN 方式。

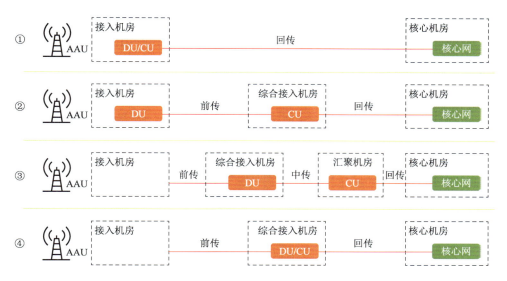

图 2.2-9　5G 网络不同部署方式示意图

在 5G 网络架构中，EPC 被分为 New Core（5GC，5G 核心网）和 MEC（移动网络边界计算平台）两部分。MEC 移动到和 CU 一起，这在 5G 架构设计中被称为"下沉"，也即离基站更近，其架构如图 2.2-10 所示。

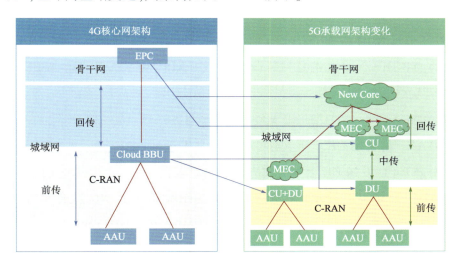

图 2.2-10　从 4G 网络到 5G 网络核心网架构变化示意图

5G 的另一关键技术为网络切片。其含义在于把一张物理上的网络，按应用场景划分为 N 张逻辑网络。不同的逻辑网络，服务于不同场景，即不同的切片，用于不同的场景。网络切片可以优化网络资源分配，实现最大成本效率，满足多元化要求。

5G 用户终端(UE)通过 gNB 接入 5G 网络的信令流程如图 2.2-11 所示。图 2.2-11 中 gNB-CU 全称为 gNB Central Unit,承载 gNB 的 RRC,SDAP 和 PDCP 协议的逻辑节点或者控制一个或多个 gNB-DU 的操作的 en-gNB 的 RRC 和 PDCP 协议。而 gNB-DU 全称为 gNB Distributed Unit,承载 gNB 或 en-gNB 的 RLC,MAC 和 PHY 层的逻辑节点,并且其操作部分由 gNB-CU 控制。一个 gNB-DU 支持一个或多个小区。一个小区仅由一个 gNB-DU 支持。

用户终端接入网络的步骤可简要描述为如下步骤(图 2.2-11):

(1)UE 向 gNB-DU 发送 RRC 连接请求消息。

(2)gNB-DU 包括 RRC 消息,并且如果 UE 被允许,则在 F1AP INITIAL UL RRC MESSAGE TRANSFER 消息中包括用于 UE 的相应底层配置,并且传输到 gNB-CU。初始 UL RRC 消息传输消息包括由 gNB-DU 分配的 C-RNTI。

(3)gNB-CU 为 UE 分配 gNB-CU UE F1AP ID,并向 UE 生成 RRC CONNECTION SETUP 消息。RRC 消息被封装在 F1AP DL RRC MESSAGE TRANSFER 消息中。

(4)gNB-DU 向 UE 发送 RRC CONNECTION SETUP 消息。

(5)UE 将 RRC CONNECTION SETUP COMPLETE 消息发送到 gNB-DU。

(6)gNB-DU 将 RRC 消息封装在 F1AP UL RRC MESSAGE TRANSFER 消息中,并将其发送到 gNB-CU。

(7)gNB-CU 将 INITIAL UE MESSAGE 消息发送到 AMF。

(8)AMF 将初始 UE 上下文建立请求消息发送到 gNB-CU。

(9)gNB-CU 发送 UE 上下文建立请求消息以在 gNB-DU 中建立 UE 上下文。在该消息中,它还可以封装 RRC SECURITY MODE COMMAND 消息。

(10)gNB-DU 向 UE 发送 RRC SECURITY MODE COMMAND 消息。

(11)gNB-DU 将 UE CONTEXT SETUP RESPONSE 消息发送给 gNB-CU。

(12)UE 以 RRC SECURITY MODE COMPLETE 消息进行响应。

(13)gNB-DU 将 RRC 消息封装在 F1AP UL RRC MESSAGE TRANSFER 消息中并将其发送到 gNB-CU。

(14)gNB-CU 生成 RRC CONNECTION RECONFIGURATION 消息并将其封装在 F1AP DL RRC MESSAGE TRANSFER 消息中。

(15) gNB-DU 向 UE 发送 RRC CONNECTION RECONFIGURATION 消息。

(16) UE 向 gNB-DU 发送 RRC CONNECTION RECONFIGURATION COMPLETE 消息。

(17) gNB-DU 将 RRC 消息封装在 F1AP UL RRC MESSAGE TRANSFER 消息中并将其发送到 gNB-CU。

(18) gNB-CU 向 AMF 发送 INITIAL UE CONTEXT SETUP RESPONSE 消息。

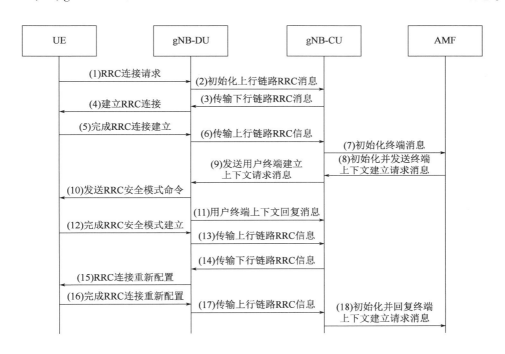

图 2.2-11　5G 网络用户终端通过 gNB 接入 5G 网络的信令流程图

在港珠澳大桥建设过程中，5G 的部署涉及不同层次的设备，下文仅从不同层次介绍 5G 部署及开发过程中所涉及的 5G 设备。

在各个层次的 5G 设备中，5G 基站是 5G 网络的核心设备，用于提供无线覆盖，实现有线通信网络与无线终端之间的无线信号传输。基站的架构、形态直接影响 5G 网络如何部署。由于频率越高，信号传播过程中的衰减也越大，5G 网络的基站密度将更高。截至 2021 年 11 月，我国已建成 5G 基站超过 115 万个，占全球 5G 基站的 70% 以上，是全球规模最大、技术最先进的 5G 独立组网网络。目前国内的基站建设主要由各大运营商和通信企业建造和部署，其中大基站主要由华为、中兴、爱立信、诺基亚等通信企业提供基站业务，而目前以华为

Lampsite、中兴 Qcell、爱立信 Dot 为代表的有源室分系统成为 5G 室内小基站的主流方案。

5G 基站系统分为三大部分：BBU（基带处理单元）、rHub（实时协作中心）、pRRU（射频拉远单元）。这是 5G 网络的前传部分，基带信号从 BBU 出发，经过光纤到达 rHub，进行信号的放大与转发，在送入 pRRU 中转化成无线射频信号发射出去。截至 2023 年底，中国移动、中国电信、中国联通已经部署了 340 万个 5G 基站，同时标准组织积极研究和制定新的前传技术，包括将一些处理能力从 BBU 下沉到 RRU 单元，以减小时延和前传容量等，这一思路也与边缘计算的思路有异曲同工之妙。

在近年来的 5G 热潮下，许多路由器也纷纷支持了 5G 功能。如 5G CPE Pro 1、HTC 5G hub 等。CPE 是能够把 5G 信号转为 WiFi 信号再让用户连接的设备，相比于手机发热点，CPE 天线增益更强，也能支持更多的设备接入，并且在各种严苛的环境下也能拥有比手机更强的信号。以 5G CPE 为代表的一系列 5G 设备围绕智能家居，也就是普通消费者能够感知的 AIoT 场景提供网络能力，能够在未来为消费者带来更好的智能家居体验。

对于普通消费者最接近的 5G 设备往往是他们随身携带的 5G 手机设备，2023 年 12 月运营商统计数据显示，三大运营商截至 2023 年 5G 套餐客户总数为 14 亿。近年来，5G SOG 芯片发展也如火如荼，以美国高通公司在 2021 年 12 月发布的骁龙 8Gen1 为例，其搭载了高通公司的第四代 5G 调制解调器，在现有的毫米波和 sub-6GHz 的兼容性之上，增加了对高达 10Gbit/s 速度和最新 3GPP Release 16 规范的支持，在 5G 上行链路速率上首次实现 3.5Gbit/s 的速率，体现了极佳的网络性能。

5G 网络的发展极大地促进了物联网领域的发展与演进，汽车联网、智能农业、智能城市、智能穿戴、智能物联网等行业对物联网卡的需求也在增加。为了适应近年来井喷的 5G 物联网场景的实际需求，三大运营商（中国移动、中国联通、中国电信）纷纷推出了物联卡业务（IoT Link），这一业务是基于三大运营商提供物联网专用号段（13 位）的移动通信接入业务。该业务支持短信、无线数据通信等基础通信服务，可用于各种物联网设备的应用场景，如车联网、智能家居、穿戴设备、共享单车、移动支付、环境监测和智慧农业等。

对于普通的 5G 用户而言,可以通过在运营商开通流量套餐的方式享受 5G 网络能力。根据 Verizon 的测试模型,5G 的下载速度方面能够达到 1.3Gbit/s 以上。在高通的实测中,与 LTE 终端相比,浏览下载的速度由 4G 用户的均值 56Mbit/s 提升到了 5G 用户的均值(超过 490Mbit/s),达到了将近 900% 的增益,相应速度提速了近 7 倍;浏览下载的延迟均值由 116ms 下降至 17ms,下载速度也得到了大幅提升,超过 90% 的用户在 5G 网络中能够达到 100Mbit/s 的下载速度,相比在 LTE 的连接中,下载速度为 8Mbit/s;而在实际应用中,谷歌公司宣称,5G 网络即使以每秒 1G 的速度,也能够用不到两分钟的时间下载一部全高清的电影,相比于 4G 网络在速度方面还是有着巨大的提升。

在港珠澳大桥建设中,为了充分利用 5G 网络带来的各项新技术,首先需要建设和部署 5G 网络。5G 网络的部署主要需要两个部分:无线接入网(Radio Access Network,RAN)和核心网(Core Network)。无线接入网主要由基站组成,为用户提供无线接入功能。核心网则主要为用户提供互联网接入服务和相应的管理功能等。由于部署新的网络投资巨大,且要分别部署这两部分,所以 3GPP(3rd Generation Partnership Project,第 3 代合作伙伴计划,一个标准化组织)分为了两种方式进行部署 SA(Standalone,独立组网)和 NSA(Non-Standalone,非独立组网)。独立组网指的是新建一个现有的网络,包括新基站、回程链路以及核心网,非独立组网指的是使用现有的 4G 基础设施,进行 5G 网络的部署。

在 2016 年 6 月制定的标准中,3GPP 共列举了 Option1、Option2、Option 3/3a、Option 4/4a、Option 5、Option 6、Option 7/7a、Option 8/8a 等 8 种 5G 架构选项。其中,Option1、Option 2、Option5 和 Option 6 属于独立组网方式,其余属于非独立组网方式,不同部署方式如图 2.2-12 所示。

在 2017 年 3 月发布的版本中,优选了(并同时增加了 2 个子选项 3x 和 7x) Option 2、Option 3/3a/3x、Option 4/4a、Option 5、Option 7/7a/7x 等 5 种 5G 架构选项。独立组网方式还剩下 Option2 和 Option 5 两个选项。下面分别说明各个方式怎么进行网络部署。

如图 2.2-13 所示,选项 1 是 4G 网络的部署方式,由 4G 的核心网和基站组成。实线叫作用户面,代表传输的数据;虚线叫作控制面,代表传输管理和调度数据的命令。选项2属于5G独立组网,使用5G的基站和5G的核心网,服务质量更好,但成本也很高。

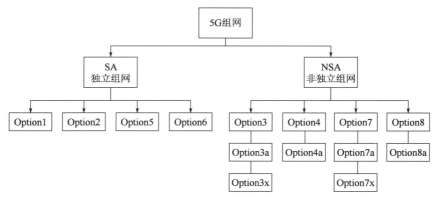

图 2.2-12　5G 不同组网方式

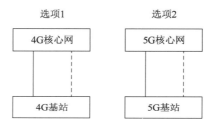

图 2.2-13　5G 组网方式（选项 1 和选项 2）

如图 2.2-14 所示,选项 3 主要使用的是 4G 的核心网络,分为主站和从站,与核心网进行控制面命令传输的基站为主站。由于传统的 4G 基站处理数据的能力有限,需要对基站进行硬件升级改造,变成增强型 4G 基站,该基站为主站,新部署的 5G 基站作为从站进行使用。

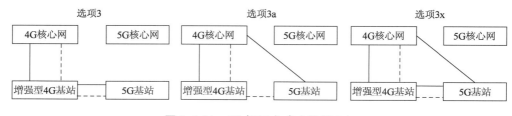

图 2.2-14　5G 组网方式（选项 3）

同时,由于部分 4G 基站时间较久,运营商不愿意花资金进行基站改造,所以就想了另外两种办法,选项 3a 和选项 3x。选项 3a 就是 5G 的用户面数据直接传输到 4G 核心网。而选项 3x 是将用户面数据分为两个部分,将 4G 基站不能传输的部分数据使用 5G 基站进行传输,而剩下的数据仍然使用 4G 基站进行传输,两者的控制面命令仍然由 4G 基站进行传输。

如图 2.2-15 所示,选项 4 与选项 3 的不同之处就在于,选项 4 的 4G 基站和 5G 基站共用的是 5G 核心网,5G 基站作为主站,4G 基站作为从站。由于 5G 基站具有 4G 基站的功能,所以选项 4 中 4G 基站的用户面和控制面分别通过 5G 基站传输到 5G 核心网中,而选项 4a 中,4G 基站的用户面直接连接到 5G 核心网,控制面仍然从 5G 基站传输到 5G 核心网。

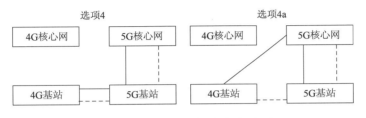

图 2.2-15　5G 组网方式(选项 4)

如图 2.2-16 所示,选项 5 可以理解为先部署 5G 的核心网,并在 5G 核心网中实现 4G 核心网的功能,先使用增强型 4G 基站,随后再逐步部署 5G 基站。选项 6 是先部署 5G 基站,采用 4G 核心网。但此选项会限制 5G 系统的部分功能,如网络切片,所以选项 6 已经被舍弃。

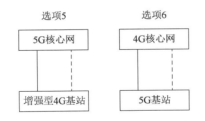

图 2.2-16　5G 组网方式(选项 5 和选项 6)

如图 2.2-17 所示,选项 7 和选项 3 类似,唯一的区别是将选项 3 中的 4G 核心网变成了 5G 核心网,传输方式是一样的。

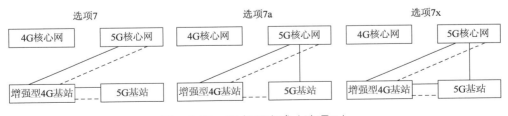

图 2.2-17　5G 组网方式(选项 7)

如图 2.2-18 所示,选项 8 和 8a 使用的是 4G 核心网,运用 5G 基站将控制面命令和用户面数据传输至 4G 核心网中,由于需要对 4G 核心网进行升级改造,成本更高,改造更加复杂,所以这个选项在 2017 年 3 月发布的版本中被舍弃,这里不做更多的介绍。

图 2.2-18　5G 组网方式（选项 8）

2017 年 12 月,5G 的非独立组网（NSA）标准第一个版本正式冻结。同月,5G NSA 核心标准冻结,引起全球广泛关注,由此引发业内外对 5G 组网方式的长期讨论。2018 年 6 月 14 日,通信标准化机构 3GPP 正式批准第五代移动通信（5G）独立组网标准冻结。为了避免短期内的高投入,各运营商根据自己的实际情况选择不同的部署方式。

总而言之,5G 是一个复杂的体系,在 5G 基础上建立的网络,不仅要提升网络速度,同时还提出了更多的要求。未来 5G 网络中的终端也不仅是手机,而是有汽车、无人驾驶飞机、家电、公共服务设备等多种设备。4G 改变生活,5G 改变社会,5G 技术是社会进步、产业推动、经济发展的重要推进器。

5G 的一系列特性使其适用于很多应用场景中的部署。下面以 5G 赋能港珠澳大桥数字化建设为例,介绍 5G 在当代数字化大桥建设过程中的典型部署方案设计。

5G 网络技术有着高速率、大容量、低时延以及数据切片隔离的特性,为港珠澳大桥建设提供了"万物智联"的物联网底座,能帮助港珠澳大桥建设方及管理方更好地"用好管好"建设港珠澳大桥,推动港珠澳大桥建设运维管理技术创新。

为了更好地在港珠澳大桥建设中使用一系列传感器采集建设及运维数据,需要建立复杂环境下低功耗广域网传输模型,并设计抗干扰、自适应性强的面向 5G 网络的信息传输机制,以期更好地赋能边缘计算的海量数据采传收一体化技术方案,为数字化桥梁巡检、维养设备以及边缘视频处理提供模型与算力支持,在台风、地震、海啸等极端天气时提升响应速度。

为了保证5G信号能够全面覆盖港珠澳大桥,在大桥建设中一种创新性的方法是在桥面采用"龙门架拉远+特殊抱杆加固+宏站设备"的5G基站建设方式,如图2.2-19所示。通过在桥上建设若干5G基站,并完成测试,以确定设备运行状况正常且5G信号稳定。此外对于跨海的大桥,还可以通过采用"BBU + RRU + 泄漏电缆"的方式,以实现跨海大桥的5G信号覆盖。

图2.2-19 港珠澳大桥建设中5G网络实地部署方案

在5G基站部署方面,结合前文已述的5G网络部署设计,基于港珠澳大桥上已覆盖的5G网络,在桥底沉管隧道可增建专用场景5G基站,进一步提高大桥上的网络上行速率和下行速率。在5G边缘节点部署方面,通过将专用MEC下沉建设到桥梁管理单位,缩短数据传输的路由路径,可以更好地满足部署低时延的5G终端应用需求,极大地有利于对大桥基础设施监测检测、高精度定位,以实现大桥数据的边缘计算和数据安全,减小端到端时延。并在MEC部署网络及应用层防火墙,确保网络信息安全。在港珠澳大桥物联网平台云边融合方面,通过增设一系列多源多模态传感器,更好地实现了多源异构数据融合、高带宽低延迟的数据安全传输、边缘实时预警等服务。

图2.2-19展示了5G网络部署在港珠澳大桥中的实地部署方案。为了更好地利用大桥上5G基站的网络能力,支撑大桥数据的高速实时传输,在云边融合的物联网平台上部署秒级的网络带宽动态性能模型,有必要进一步设计5G网络带宽动态性能预测技术。这一带宽预测技术的技术要点主要依据港珠澳大桥的结构、长度等标准化信息采用自适应性的网络通信模型及技术,有效估计高分辨率的带宽变化情况,为港珠澳大桥智能化运维管理系统的泛在感知任务提供可

靠的数据传输率参考值,提升运维管养业务的用户体验。

在港珠澳大桥上的5G关键技术,主要包括带宽预测、带宽自适应、载波聚合和虚拟化网络,下面进行依次介绍。

(1) 带宽预测

随着第五代移动通信技术(5G)的问世,其宽通道带宽、高数据传输速率等特点给虚拟现实、云游戏和全息视频流等沉浸式个人业务带来了关键性的发展机遇。然而相较于4G,5G基站覆盖范围小、用户终端基站连接切换频繁等问题导致用户在享受沉浸式个人业务时容易突发带宽波动,从而导致网络堵塞,影响用户使用。因此,如何提前预测可用宽带,从而方便应用控制发包速度是一个重要的问题。

蜂窝网络中现有的短期带宽预测方法可以分为两种:一种基于时间序列的预测模型,另一种基于机器学习(ML)回归模型。前者将过去时间序列的吞吐量用作模型输入,而后者则更进一步使用终端设备信息,包括上层信息[如数据包往返时间(RTT)、丢失率等]和下层信息[如信号强度、信噪比(SNR)、链路质量等]以训练回归模型。但是,这两种方法在应用于具有商用现货(COTS)设备(如华为Mate 40等)的5G蜂窝网络时都存在一定的问题。ML回归模型会受到低分辨率的终端物理层和数据链路层信息的影响,从而导致相对较差的预测准确性。时间序列预测模型可在相对稳定的网络中很好地工作,但是,5G蜂窝网络频繁的基站切换导致吞吐量的变化频繁,网络波动明显,从而使得时间序列模型的准确率大幅度降低。

面向5G带宽预测的方法需要解决在基站切换频繁的情况下如何实现精确的带宽预测。与现有技术相比,该方法需要周期性采集终端设备带宽使用情况、设备底层网络特征、连接基站等信息。随后,判断设备带宽状态,若设备状态处于基站切换窗口,采用随机森林回归模型预测带宽;若设备状态不处于基站切换窗口,采用实时训练的自回归滑动平均预测模型预测带宽。通过这种方法可以在各种情况下提供精确的5G网络带宽预测,并且不会带来太多的计算开销。

(2) 带宽自适应

5G可支持多样化的物联网应用,包括智慧城市、智慧健康和智能电网等。

在这些应用中,海量物联网数据将从不同用途的传感器上传到服务器中。这些传感器包括捕捉视频的摄像头以及测量温度、湿度等因素的传统传感器。面对物联网应用中上行链路数据传输的多样性和可变性,5G 上行链路带宽需要有更好的自适应能力。

为了提高面向物联网应用的 5G 上行链路性能,不妨深入研究 5G 的空口配置。与 4G LTE 相比,5G 新空口具有更加灵活的空口配置能力,包括时隙结构的灵活配置。通过特定的信令消息,在数字化桥梁的建设中,可以在时隙级别,甚至符号级别配置时隙结构,并基于此设计实现上行链路带宽自适应方法,以提高具有可变上行链路数据需求的物联网应用的传输性能。通过这样的自适应带宽调整方法,可以动态调整上下行时隙比例,以满足当前的上行吞吐量需求。

上述方法通过改变上下行链路的通信时间段,可以定制 5G 上行链路带宽,以上传物联网应用生成的多种数量级的数据。此方法将根据当前的上行吞吐量需求,通过上述两个信令消息动态设置上下行时隙比。以使用摄像头进行视频监控和传统传感器进行环境感知的智能家居为例。摄像头的上行数据量远大于传感器。在上传视频数据时,此方法会增大上下行时隙比;否则,会减少上行时隙的数量以保证下行性能。此外,对于数据传输变化较大的应用,此方法可以在小区端配置时隙结构时,设置足够数量的灵活时隙和灵活符号。这样便只需在 5G 设备上根据当前的上下行吞吐量,实时调整上下行符号的比例。因而,带宽自适应可以为港珠澳大桥建设中的上行带宽需求多变的场景动态分配合适的上下行带宽,提升 5G 网络的适用范围。

(3) 载波聚合

得益于 5G 更大的带宽和大规模 MIMO 技术,5G 蜂窝网络可以支持高达 10~20GHz 的数据速率。然而,5G 信号因为频率高于 4G,会遭受更严重的穿透损耗和更快的信号衰减。对于下行链路,基站可以通过增加传输功率或使用波束成形技术增加 5G 链路的覆盖范围。然而,对于上行链路而言,由于移动设备终端的性能较弱,难以通过上述方法提高传输范围。并且商业用户设备(UE)的最大发射功率也会受限,通常为 23dBm,远小于 5G 基站的最大发射功率。因此,5G 传输的上行覆盖范围远小于下行覆盖范围。为了解决这一问题,在现代大桥的数字化建设时,5G 蜂窝网络中应用了载波聚合技术,如图 2.2-20 所示。

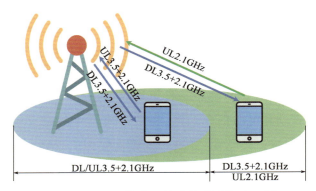

图 2.2-20　5G 蜂窝网络中的载波聚合示例

载波聚合技术是通过聚合多个载波来传输上行数据和下行数据。当聚合低频段时,可以扩大上行覆盖范围。同时聚合不同频段的载波资源可以提高数据传输速率。如图 2.2-21 所示,当 UE 靠近 5G 基站时,会使用聚合的上行频段进行数据传输。当 UE 远离基站时,UE 会使用低频段传输上行数据。图 2.2-22 显示了采用载波聚合技术的 5G 链路示例。共享 23dBm 功率的 3.5GHz 时分双工(TDD)主频段和 2.1GHz 频分双工(FDD)频段共同进行数据传输。TDD 频段有几百兆赫兹的大带宽,而 FDD 频段通常仅有几十兆赫兹的带宽。在载波聚合技术中,TDD 频段和 FDD 频段将各自占用移动设备的一根天线,以 20dBm 的功率发送数据。当高速率的 FDD 频段无法满足终端设备覆盖要求时,TDD 频段便可以实现上行覆盖的增强。

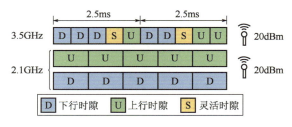

图 2.2-21　载波聚合下近点终端的传输时隙

在图 2.2-20 中,无论移动终端位于基站的近点还是远点,上下行性能均可以得到增强。在下行方面,由于使用双载波聚合技术,通信容量得到了增强,因此载波聚合后的传输速率能够得到明显提升。在上行方面,当终端处于基站近点时,终端可以使用两个频段的载波发射 20dBm 的电波以共享

23dBm 的发射功率,实现高传输效果。当终端处于基站远点时,由于 TDD 频段无法覆盖终端,可以使用单一的 FDD 频段传输上行数据,如图 2.2-21 及图 2.2-22 所示。

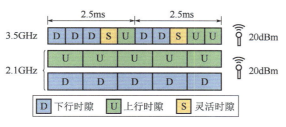

图 2.2-22　载波聚合下远点终端的传输时隙

此方法很好地解决了远点覆盖问题,然而当用户处于 5G 基站近点时,两个载波各占用终端的一路天线进行数据传输并不是最经济的,导致原始载波聚合技术并不是最优的。这是因为 TDD 载波有更大的带宽,而 FDD 辅助载波的带宽通常和 4G 一致。因此,当所需的传输数据能够被满足时,尽量使用更高速率的 TDD 频带传输数据是更为高效的做法。此外,由于 TDD 下行信道估计依赖于上行的 SRS 轮发结果,如果使用单天线进行发射就没法实现轮发,由此对下行的波束赋形性能产生影响。

(4) 虚拟化网络

在港珠澳大桥建设中部署 5G 网络中,各类业务对空口速率、连接数、时延等网络性能指标要求差异极大。为了满足不同业务的差异化需求,网络需要具备灵活部署和多连接分流集中的能力,以及针对多样性空口统一管理的能力。为了满足上述能力,网络虚拟化是一种关键技术,其核心是根据不同的场景和业务需求将 5G 网络物理基础设施资源虚拟化,实施时需要基于 SDN(Software Defined Network)技术,支持网络功能的可编程、定制剪裁和相应网络资源的编排管理。

5G 无线侧虚拟无线接入网(Virtual RAN,vRAN)是网络虚拟化在无线接入网的具体应用。vRAN 的引入极大地改变现有网络架构与基站形态,基于集中化处理、协作式无线电和实时云计算构架,可进一步提升移动通信网络的灵活性与网络指标性能。由于 vRAN 通常部署在通用服务器上,5G 网络架构会从专用的电信网络向通用的电信网络平台转变,提高了 5G 基站部署的通用性,同时也提高中小厂家对于 5G 基站和标准设计的参与度,有利于促进 5G 市场的拓展。

网络容量更具弹性,从而使 5G 网络能够更为灵活地应对移动数据流量井喷式爆发。在面向虚拟化的 vRAN 技术中,主要需要实现 CU(Centralized Unit)和 DU(Distributed Unit)两个逻辑网元,及网元之间的网络功能的虚拟化。

在 CU 方面,CU 侧重无线通信中非实时部分的功能,主要包括无线高层协议栈功能,同时也支持部分核心网功能下沉和边缘应用业务的部署。CU 可以运行在通用处理器上,以虚拟网络功能 VNF(Virtual Network Function)形式存在,CU 支持组 pool 的能力,支持一个 CU 连接的所有小区的 RRC 连接和 PDCP 包处理的资源共享,需满足 CU 所需处理资源、切片能力支持以及解耦功能要求等部署功能。CU 的 VNF 软件通过组合、排列、扩展等一系列编排操作,可创建支持多样化上层业务需求的无线网络服务。在 vRAN 中,CU 将非实时功能进行集中化处理。

在 DU 方面,应实现除 CU 功能之外的无线基站功能,主要处理物理层功能和实时性需求的层 2 功能,侧重高实时性的基带信号处理,传统方式可采用专用硬件实现。比如,DU 硬件可以是一个集成了多块处理单板的机框,也可以是一块独立的处理单板。而在 vRAN 中,DU 也可以通过服务器实现。DU 应具有连接 CU 的网络端口,配合 CU-VNF 软件可完整实现不少于 1 个小区的基站功能,需被管理编排器 MANO(Management and Orchestration)识别为一个物理网络功能 PNF(Physical Network Function)。

2.2.2 算力迁移

伴随着 5G 技术和各种物联网设备的普及应用,用户对部署在终端设备的服务提出了更高的期望,而边缘设备的计算资源、存储资源、电量资源都非常有限,为协调有限的计算资源和不断扩大的计算需求之间的矛盾,引入了算力迁移技术。目前在物联网等领域,算力迁移已经开展了应用。例如,在智能家居中将计算服务迁移到家庭终端进行就近计算,在工业制造中将质检服务迁移到生产线,提高生产效率与产品质量,此外,在自动驾驶等领域,算力迁移也正在发挥着重要的作用。

算力迁移又称计算卸载,即将计算量较大的任务合理分配到计算资源充足的代理节点进行处理,并从节点取回运算完成后的计算结果。在网络环境不稳定时,算力迁移可以帮助应对网络资源的动态变化;在设备本地任务较多时,算力迁移可以减轻资源占用较大的设备上的负载,以提高任务执行效率;将任务迁移到计算节点执行不需要与本地传输的中间数据,只需从计算节点获取计算结果,可以减少利用其他节点资源执行任务的过程中的数据传输量;在本地执行任务时延较高时,算力迁移允许用户迁移任务至计算节点,甚至在任务迁移后断开网络,减少任务执行的时延。具体来说,算力迁移在边缘计算中的应用场景包括:将计算体迁移到资源丰富的设备,边缘节点的计算资源可能无法支撑部分大型应用的运行,算力迁移可以在节点上达到预期的计算效果;跨节点任务同步,在移动边缘计算中,设备进入新的边缘网络环境时需要重新配置任务的执行环境,通过算力迁移可以实现不同节点间的任务同步,节省与任务执行无关的资源消耗;资源共享计算,物联网设备通过互联网相连接,为节省本地的资源,可以将计算任务上传到公共云执行;云中心的计算任务下沉,云中心与边缘设备的数据传输可能产生较高的延迟,通过将计算任务下沉到距离请求节点更近的边缘节点,可以降低带宽消耗,产生更实时的响应。

算力迁移流程如图 2.2-23 所示,可划分为:①节点搜寻,此阶段搜索可用的计算节点,决定算力迁移的位置;②程序划分,此阶段将应用程序划分为多个可迁移的部分,为方便迁移,各部分程序应该具备一定的功能完整性和独立性;③迁移决策,此阶段决定迁移的内容,针对是否迁移以及对哪一部分程序进行迁移做出决策,决策时需要充分考虑边缘网络中的各种影响因素,可以使用静态迁移在迁移前确定迁移程序部分,也可以在迁移过程中根据实际状态动态规划迁移策略;④程序传输,此阶段将迁移的计算任务程序传输到计算节点上;⑤执行计算,此阶段在计算节点上对迁移到节点的任务程序执行计算;⑥结果回传,此阶段把计算后的结果传回本地节点。

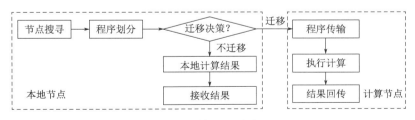

图 2.2-23　算力迁移流程图

云计算将分布式资源呈现为统一的计算资源,用户只需要将计算请求交给云服务器完成即可,为克服网络时延较高、带宽不足、云资源访问成本较高等问题,提出了新的计算迁移实现方法,主要有基于 Cloudlet、基于 surrogate 和基于云的计算迁移。Cloudlet 是一个比云更细粒度的概念，用于管理组件级别的应用程序，支持以 VM 为粒度划分应用程序，即无须把整个虚拟机移动到 Cloudlet，使应用的设计更加灵活，Cloudlet 更加靠近用户侧，但它并不是固定的基础设施，而是动态给局域网中的用户提供计算资源，可以有效解决云计算中的广域网产生的抖动、时延、不稳定等问题，提高应用性能，Cloudlet 不支持对已实现的应用进行划分，在安全性方面也表现平平。Surrogate 基于对 Android 应用程序的执行时间预测等分析手段，支持以进程为迁移粒度进行自适应的计算迁移，能够快速适应设备周围的环境变化，自动进行计算迁移和并行化的决策，但安全性相对较差。Clonecloud 是基于云的典型系统，也是以 VM 为粒度进行迁移，它的功能是将所有运行在 VM 上的应用进行转换，通过动态分析与静态分析相结合，优化特定环境下程序的执行时间和能耗，该方法需要预先对各种执行环境建立数据库。

边缘计算可以视作云计算的延伸和补充，无论是功能上行还是功能下行，计算迁移都是非常关键的技术。在近年的研究中，提出了许多适用于边缘计算环境的计算模型，包括 Femtoclouds、ME-VoLTE、EAB、CloudAware、Replisom 等。表 2.2-1 简要描述了各计算平台的实现方法和设计目标。Femtoclouds 系统是一个动态自配置的系统，它的 Cloudlet 提供一个 WiFi 接入点作为控制设备，移动设备可以发送设备的信息和共享策略给该设备加入计算机集群，以提供迁移计算服务，系统可以预测用户的在线时间和任务的执行时间，根据计算的结果对迁移到集群的任务进行分配。CloudAware 系统基于 Jadex 框架实现分上下文感知和并发执行，系统中的基站可以与附近设备临时进行短时间的交互，通过监控可用的网络资源并利用用户迁移状态估计网络占用，可以选择合适的迁移策略减少计算时间。具体的迁移方法包括阈值迁移策略、基于博弈论的分布式计算迁移、计算迁移近似动态规划算法、智能分区和动态迁移方法等。

边缘计算平台对比　　　　　表 2.2-1

计算平台	年份(年)	实现方法	设计目标
Femtoclouds	2015	优化迁移策略	增强计算能力
ME-VoLTE	2015	优化传输	降低能耗
EAB	2015	优化传输	加速资源访问
CloudAware	2016	优化迁移策略	加速计算、节能
Replisom	2016	克隆虚拟机、压缩	减少响应时间

在港珠澳大桥的建设中，计算迁移技术扮演着重要的角色。基于上文所述的不同阶段的计算迁移发展，接下来介绍基于 Docker 容器的计算迁移系统。该系统支持以容器形式运行的应用和计算任务迁移到边缘，以减少网络传输延迟并提升响应时间。

系统架构如图 2.2-24 所示。该系统的设计目标是支持将普通边缘应用或人工智能应用迁移到边缘节点。在人工智能模型的应用方面，系统通过在容器内调用边缘设备的 GPU 或 NPU 来进行模型推理。这种设计能够将人工智能模型的推理过程放置在边缘设备上，避免了大量数据的网络传输，同时提升了推理速度和效率。此外，人工智能模型的输入数据直接由边缘设备的传感器生成，进一步减少了数据的传输成本。而对于模型的推理结果，系统会自动将其上传到云端，以便进行进一步的处理和分析。

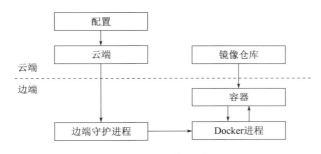

图 2.2-24　计算迁移架构

除了人工智能模型应用外，该系统还支持普通边缘应用。它提供了类似于 Kubernetes 的使用方式，使应用部署到边缘节点变得简单且高效。用户可以通过简单的一键操作，将应用部署到边缘节点上，从而快速提供服务。这种部署方式可以减少应用在云端的依赖，降低网络延迟，提高用户体验。

基于 Docker 容器的系统具有多个优势。Docker 容器提供了轻量级的虚拟化解决方案，可以将应用程序和其依赖项打包到一个独立的容器中，实现应用的快速部署和迁移。Docker 容器具有良好的可移植性和扩展性，可以在不同的边缘节点上无缝运行，提供灵活性和可扩展性。Docker 容器还提供了隔离环境，确保不同容器之间的应用和数据相互独立，增强了系统的安全性。

2.2.3　边缘缓存

2023 年，中国互联网用户总数和物联网设备总数分别达到了 12.24 亿和超过 23 亿，网络中的数据量呈现爆炸性增长，随着物联网、车联网以及其他在线网络业务的兴起以及服务质量的提高，用户对网络的延迟和吞吐量有了更高的要求。相比于 4G 网络，5G 网络在网络容量和延迟上都有了巨大的提升，同时学术界和工业界针对网络架构和传输技术也展开了大量研究。但由于技术能力的局限以及本身对资源的占用，并不能有效缓解网络负载，网络链路中的数据传输仍面临着不小的压力，这使得内容缓存技术的发展更加重要。

同样的内容在一定的时间内通常会被多次访问，比如重复播放的影视资源，这是当今网络业务的一大特征，在很大程度上可以对业务的请求分布进行预测，将这些内容在边缘网络进行缓存，可以减少网络中相同内容的重复传输。在传统网络中，节点需要向远程的 Internet 内容服务器发送请求获取服务，一方面，内容的重复请求和大量的回传流量给网络链路带来巨大的压力，边缘侧的缓存可以避免回传链路中的流量，降低数据中心或基站的能耗；另一方面，缓存的存储与服务器相比更靠近用户侧，尽管在用户较少时可能时延影响并不明显，但在大量请求并发时，在网络中进行缓存可以减轻拥塞程度，显著降低传输时延，提升服务的质量。同时，在更加边缘的位置部署缓存使网络可以更充分考虑特定边缘网络中用户的偏好，采取更具有针对性的缓存策略，在特定网络中对相同的请求数据进行多播和广播也可以提高资源的利用率。

缓存技术是一种利用空间换取时间的手段，它基于空间和时间的局部性原理。时间局部性，即相同的内容在不久后可能被多次请求，空间局部性是指与当前请求相似的内容也很可能马上被用户请求。缓存技术的应用十分广泛，在计算机系统、网络中的网页、云存储、等领域都发挥着重要的作用，随着 CDN 内容分发网络、ICN 信息中心网络、移动网络缓存等技术的不断发展，网络中的内容缓存逐渐成为研究的重点。

移动网络中的缓存研究包括核心网络缓存和边缘网络缓存。核心网络的缓存资源和服务范围相对更大，负责网络中的移动性管理、路由转发等，网关先在自身和其他网关中转发请求，如果都没有该内容，则将请求重定位至互联网中。伴随着各种网络缓存技术和边缘计算的不断发展，业界也产生了将边缘计算与缓存技术相融合的需要。在边缘网络中，缓存可能发生在各种基站和路由器、网关等中继设备以及平板电脑、手机等终端设备中的任何位置，这使得缓存的位置非常灵活。移动边缘缓存架构如图 2.2-25 所示。同时,边缘设备的缓存空间比较有限,在缓存内容选择上有更高的要求,边缘网络的这些特性使得边缘缓存,尤其是移动边缘缓存,相较于普通网络缓存更具挑战性。

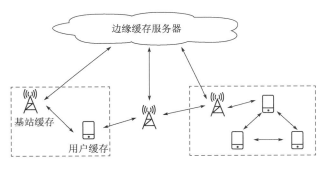

图 2.2-25　移动边缘缓存架构

边缘计算的网络环境具有较高的复杂性,未来的网络架构有着异构的发展趋势,需要针对不同的边缘网络环境制定不同的缓存策略。从结构来看,边缘网络架构中包括 WiFi、家庭基站等各种结构;从拓扑形式来看,边缘网络中包含有中心拓扑和无中心拓扑,中心式网络架构的处理难度随着数据量的增加会越来越大,因此未来的网络结构将朝着分布式、自适应的方向发展;而从传输信道来看,边缘网络中既有稳定的有线网络,如光纤、电缆等,也有无线网络环境,因此需要考虑信道衰落、噪声干扰等因素;从终端设备来看,边缘计算中涵盖了种类丰富的物联网设备,不同设备数据传输的特性也要纳入缓存策略制定的考虑范畴。

边缘网络中的设备特性也为边缘缓存的设计带来新的要求。越来越多的可移动终端正在接入互联网,用户的移动性已经成为网络的一个重要特征,终端位置不断发生改变,对应的网络拓扑也不断变动,这要求边缘缓存可以根据终端的移动自适应调整缓存方案。另外,边缘网络中的终端、微基站等节点的存储空间十分有限,这导致缓存空间受到较大的限制,网络中用户数量也相对有限,这需要更加精心设计的缓存策略来提高缓存命中率,通常在众多基站和用户之间进行协作缓存,形成较大的"缓存池",综合考虑本地用户的需求和邻区的缓存状态实时更新缓存。

在边缘网络的缓存策略中,还需要充分考虑内容的社交性。在传统服务中,用户向内容提供商发起请求,提供商再将数据传输给用户,而在现在,用户可以不只是简单的数据消费者,他们可以自己生成数据并分享给周边的用户,这样的转发行为具有一定的社会性,加上终端设备移动设备的可携带性,使网络中的内容生成模式发生改变,在策略中考虑内容的社交性。

在目前的边缘缓存研究中,已经出现很多类别的缓存模式和策略。根据缓存与请求时间的先后关系,可以将缓存方法分为主动缓存、反应式缓存和主动式反应式混合策略;根据是否需要中央控制器,可以将缓存方法分为集中式缓存和分布式缓存。另外,为了处理用户的移动性和不确定性问题,有将内容按照随机分布进行缓存的概率缓存方法;为分析不同服务提供商的合作和竞争,有基于概率论的缓存策略分析。边缘缓存中还有许多问题有待更进一步研究,例如对异构网络中的不同边缘缓存策略对比、用户需求感知缓存策略、全网流行度、区域用户的兴趣度、用户潜在兴趣挖掘等方向,针对机器学习在缓存中的融合应用是当前的一大研究热点。

在边缘计算中,数据缓存具有特殊的重要性,系统必须保证数据流的可靠性。尤其在港珠澳大桥的建设中,边缘设备扮演着采集和传送传感器数据的关键角色。如图2.2-26所示,这些边缘设备包含一个数据处理引擎,其主要任务是对传感器采集的数据进行初步处理,并将其转发到其他位置,例如云端或其他边缘设备中的服务节点。在数据处理引擎中,存在一个关键部分,即缓存机制,它能够将处理后的数据暂时存放在一个临时位置,直到准备好进行转发。这个缓存机制同时利用内存和文件系统,以提供持久化缓冲,从而确保数据的安全性和可靠性。

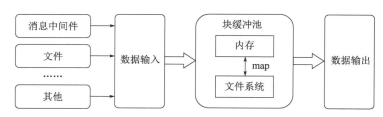

图 2.2-26　边缘数据缓存架构

在该系统中,存在几个核心概念需要特别关注:

(1)块:当数据被传感器采集并流入数据处理引擎后,引擎将这些记录保存到块中,一个块中可能包含多条记录。这种设计主要出于性能考虑,通过减少数据转存的操作次数,从而提高系统效率。

(2)块缓存位置:当数据处理完毕准备进行转发时,块会同时被缓存到内存和文件系统中。具体的逻辑如下:当应用程序的内存足够时,新的块会被保存到内存中,并通过 map 技术将内存中的块映射到文件系统中,这样后续的操作可以直接基于内存进行,并且同时在文件系统中生效。当应用程序的内存不足时,新的块会被保存到文件系统中,并等待之前较早的块被处理完毕后,再将新的块加载到内存中进行处理。数据处理引擎会尽可能地控制内存中存在的块数量,以控制内存使用量。

这种设计具有以下优点:

(1)系统能够容忍临时的网络故障。当网络连接中断时,传感器数据的采集不会停止,数据会被保存在磁盘中,直到网络连接恢复,数据将继续上传到云端。这样可以确保数据的连续性和完整性。

(2)系统能够保证已经采集但尚未上传的数据在断电后不会丢失。通过将数据缓存到文件系统中,即使发生意外断电,数据仍然安全保存在磁盘上,待电源恢复后可以继续进行上传。

(3)系统能够有效地控制内存使用量。即使在内存较为有限的设备上,该系统仍然可以正常运行。通过控制内存中存在的块数量,系统能够适应各种内存资源限制,并实现高效的数据处理和传输。

综上所述,通过在边缘计算中采用这样的设计,系统能够确保数据流的可靠性和连续性,保障数据的安全性,并适应各种设备环境,为港珠澳大桥的建设提供强有力的支撑。

2.2.4 数据压缩

随着计算机技术的飞速发展,各种计算机系统的数据量也变得越来越大,数据在时间和空间上飞速增长,在云计算与边缘计算的场景中,过多的数据量会给数据存储和数据传输带来巨大的压力。由于云中心服务器中的数据存储、计算和通信压力飞速增加,将一部分任务放到边缘端去执行具有很高的意义,边缘计算也应运而生,但是过多的数据会导致终端设备、边缘节点与云中心之间的通信压力增大,数据传输带宽不足。因此,对大量的边缘侧数据进行有效的压缩至关重要。数据压缩作为解决海量信息存储和传输的关键技术备受云计算与边缘计算相关领域的关注。

在不改变原有文件属性的前提下,降低文件字节空间和占用空间的算法被称为压缩算法,主要包括压缩和还原(解压缩)两个步骤,压缩算法可以分为无损压缩和有损压缩两类。无损压缩能够无失真地从压缩后的数据重构,准确地还原原始数据,但是压缩比不高,能够节省的占用空间更小,可用于对数据准确性要求严格的场合,如可执行文件和普通文件的压缩、磁盘的压缩;也可用于多媒体数据的压缩。常见无损压缩算法如差分编码、游程长度编码(Run-Length-Coding,RLE)、哈夫曼编码(Huffman-Coding,Huffman)、LZW编码、算术编码等。有损压缩则有失真,不能完全准确地恢复原始数据,重构的数据只是原始数据的一个近似,但其压缩比更高,压缩文件占用空间更小。有损压缩可用于对数据的准确性要求不高的场合,如多媒体数据的压缩。常见的有损压缩算法有预测编码、音感编码、分形压缩、小波压缩、JPEG/MPEG等。由于现在大容量存储设备的普及,网络传输带宽的提升,无损压缩中压缩比低的缺点不会造成成本的显著提升,于是无损压缩得到了更广泛的应用。这里主要介绍一些常见的无损压缩算法。

常见的无损压缩算法可以分为两大类,分别是基于统计压缩算法和基于字典压缩算法,其中基于统计压缩算法包括香农-范诺算法(Shanno-Fano编码)、RLE编码、Huffman编码、动态哈夫曼编码(又称自适应哈夫曼编码,Adaptive Huffman)以及算数编码,基于字典压缩算法可以分为LZ77算法、LZ78算法、LZW算法和LZSS算法。这里不展开对以上算法的详细介绍和分析。

几年来,在基于字典的压缩算法的基础上诞生了许多改进的压缩算法,主要的改进方向可以概括为三类:①改进字典建立的方法。字典越大,代替的子串越多,但应用中字典容量则受一定限制,要权衡利弊选择合适的字典;②改进字典更新的方法,一般分为抛弃整个字典或者抛弃字典中匹配率较小的节点两种方式;③变换代码长度,由于代码长度决定压缩率,代码长度越短,压缩率越高,为了对大、小文件都取得比较好的压缩效果,可以使用变换长度代码的方法。

由于边缘计算场景中,边缘节点为云计算中心承担了一定的存储、计算和通信压力,过大的数据量会导致边缘侧存储空间不足,以及通信带宽不足而导致的通信延迟等问题。因此,为边缘设备采集的原始数据进行合适且有效的压缩有着很高的实用价值,如何选择压缩算法与数据的类型、格式以及字符出现频率等统计信息密切相关,需要针对具体的云边场景具体分析。

在港珠澳大桥系统中,边缘节点实现了一系列针对音频数据的功能,包括接收、缓存、加密、处理和传输。这一流程还涉及与边缘节点连接的人工智能模块以及与云端的数据传输和解密。通过这一系统,可以将大桥边缘端的实时音频流经过处理后传输至云端。然而,由于音频数据的体积较大,占据了大部分的上行带宽,而边缘设备的网络带宽和流量受到限制,因此需要对音频数据进行压缩传输。在这个过程中,首先利用 ALSA 驱动进行音频采集,获得 PCM 格式的音频流。随后,需要选择适当的编码方式对音频数据进行压缩处理。

音频数据的压缩传输是为了在有限的网络带宽条件下有效利用资源,并确保音频数据能够高效地传输到云端。在选择合适的编码方式时,需要考虑多种因素,包括压缩比率、音频质量、实时性要求以及系统的计算资源。常见的音频编码方式包括无损编码和有损编码。无损编码能够保持音频数据的完整性,但其压缩比率相对较低,对带宽的利用效率较低。而有损编码则能够通过牺牲一定的音频质量来实现更高的压缩比率,从而提高带宽利用效率。在选择具体的音频编码算法时,可以考虑诸如 MP3、AAC、Opus 等流行的音频编码标准,根据实际需求和系统性能进行选择。常见的音频编码方式包括以下几种:

(1) Pulse Code Modulation (PCM) 是一种无损的音频编码方式,它将音频信号转换为数字信号,每个采样点的数值表示声音的振幅。PCM 编码保留了音频的原始数据,但由于未进行压缩,占用的存储空间和带宽较大。

(2) MPEG Audio Layer Ⅲ (MP3) 是一种有损的音频编码方式,旨在通过去除人耳难以察觉的音频信息来减小文件大小。它采用了感知编码算法,根据人耳对声音的感知特性,移除了一些听觉上不重要的信号,从而实现了较高的压缩比。然而,由于信息损失,MP3 编码会引入一定程度的音质损失。

(3) Advanced Audio Coding (AAC) 是一种有损的音频编码方式,被广泛用于音乐和视频领域。它采用了更先进的压缩算法,相比于 MP3,能够在相同比特率下提供更好的音质。AAC 编码在保持较高音质的同时,对于相同的音频内容,文件大小相对于 MP3 更小。

（4）Ogg Vorbis：Ogg Vorbis 是一种开放的有损音频编码格式，以其高效的压缩性能和开放源代码的特点而受到欢迎。它采用了基于人耳感知特性的编码算法，提供了相对较高的音频质量和较小的文件大小。

（5）Adaptive Differential Pulse Code Modulation（ADPCM）是一种有损的音频编码方式，通过对采样数据进行差值编码来实现压缩。它利用前一样本与当前样本之间的差异进行编码，从而减小数据量。尽管 ADPCM 相对于 PCM 可以实现较好的压缩效果，但在音质方面存在一定的损失。

（6）Windows Media Audio（WMA）是由微软开发的音频编码格式，旨在提供较小的文件大小和良好的音频质量。它通常与 Windows 操作系统紧密相关，在 Windows Media Player 等多种软件和设备上广泛使用。WMA 文件可以提供多个音频编码选项，包括高质量的 VBR（可变比特率）和低比特率的 CBR（固定比特率）编码。WMA 格式还支持数字版权管理（DRM）技术，使其适用于音乐和音频内容的保护和分发。

（7）Free Lossless Audio Codec（FLAC）是一种开源的无损音频编码格式，它的设计目标是提供无损的音频压缩，即在压缩过程中不损失音频质量。FLAC 文件可以实现原始音频的完全还原，因此在音质方面与无损 CD 音质相媲美。由于它的开源性质，FLAC 格式受到广泛支持，许多音乐播放器和音频编辑软件都支持 FLAC 文件的解码和编码。FLAC 文件相对于原始无损音频文件可以减小约 50% 的文件大小，但仍然保持了高音质，因此备受音乐发烧友和专业音频制作人的青睐。

鉴于边缘设备的网络流量有限，选择有损压缩的方式，对音频数据进行压缩。在实际系统中使用了 AAC 编码方式，因为相较于 MP3 编码，AAC 的文件较小，可以更好地利用带宽。且 AAC 编码足够流行，绝大多数的音视频处理程序都带有开箱即用的 ACC 解码器，使得云端在接受音频后，更容易对音频数据进行处理。

AAC（Advanced Audio Coding）是一种先进的音频编码标准，旨在提供高质量的音频压缩和传输。AAC 编码采用了一系列创新的算法和技术，在保持较高音频质量的同时实现了更高的压缩效率。这使得 AAC 成为广泛应用于数字音频广播、移动音乐和视频应用等领域的首选编码方式。AAC 编码的核心思想是基于人耳听觉模型,通过分析和利用人耳对音频信号的感知特性,对音频数据进行有选择性的压缩。以下是 AAC 编码的一些关键特点和技术:

(1)频率域处理:AAC 将音频信号转换为频率域表示,通常使用离散余弦变换(DCT)来分析音频的频谱特征。这种频率域处理能够更好地适应音频信号的特性,并提供更好的压缩效果。

(2)信号掩盖:AAC 利用信号掩盖效应,即较强的信号在时间和频率上掩盖较弱的信号。通过这种方式,AAC 可以识别和去除对人耳感知较小的信号成分,从而减少数据量并提高压缩比率。

(3)频带复制:为了减小高频信号的数据量,AAC 采用了 SBR(Spectral Band Replication)技术。SBR 将高频信号中的主要频带提取出来,并使用较低的比特率对其进行编码。在解码端,通过对主要频带进行重建和插值,可以有效地还原高频信号,从而提高音频质量。

(4)空间编码:AAC 支持立体声和多声道音频编码,通过空间编码技术可以提供更逼真的音频效果。例如,AAC 使用 PS(Parametric Stereo)技术对立体声信号进行编码,将立体声信息转换为参数化表示,从而实现更高效的编码和传输。

(5)比特率可变性:AAC 编码允许根据不同需求和场景选择不同的比特率。较高的比特率可以提供更高的音频质量,而较低的比特率则可以实现更高的压缩比率。这使得 AAC 在各种网络带宽和存储资源受限的环境下具有灵活性和适应性。

根据图 2.2-27 所示的系统总体架构图,在音频数据的处理流程中,音频数据首先通过音频驱动进行采集,然后被传递给音频采集 mapper 模块。在这个模块中,PCM 编码的音频数据经过转码处理,被转换为更高效的 AAC 编码格式。转码完成后,音频数据被发送到音频传输模块,该模块负责将音频数据通过网络传输到云端。

同时,为了确保数据的完整性,音频传输模块还会将音频数据持久化到文件中,以便在需要时进行数据的恢复和重播。这样的持久化操作可以保证在网络传输过程中不会丢失任何音频数据,从而确保数据的完整性和可靠性。音频数据流处理架构如图 2.2-28 所示。

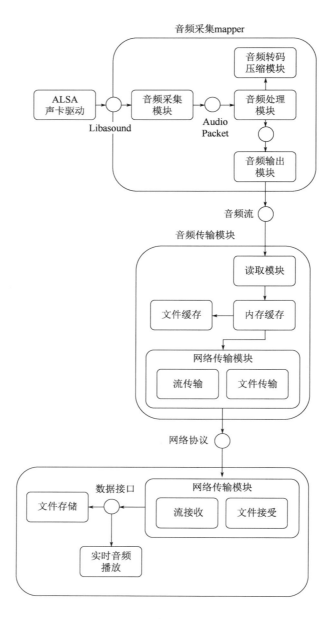

图 2.2-27 音频系统架构图

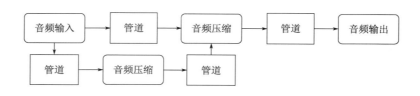

图 2.2-28 音频数据流处理架构图

本系统中,采用了一种高效的管道系统架构,如图 2.2-28 所示。类似的管道系统被广泛应用于音频流处理领域。它为我们提供了一个可靠且高度可扩展的解决方案。整个流程始于音频帧的采集,该帧随后通过管道系统传输至压缩转码器进行进一步处理。这一流畅而高效的传输过程确保了音频数据的快速处理和传递。在这一架构中,音频帧可以直接通过管道系统流向压缩转码器,无须额外的复杂配置。然而,如果音频数据需要经过 AI 模块的处理,系统能够智能地将音频帧转发到专门的 AI 处理模块。一旦 AI 模块完成对音频帧的处理,处理后的数据会被重新导回管道系统,随后再经过压缩转码器的环节。这种管道系统架构的设计使这一系统具备了出色的灵活性和可扩展性。能够根据实际需求对管道进行调整和扩展,以适应不同的音频处理流程和算法需求。通过合理配置管道中的各个模块,能够实现高效的音频流处理。

经过处理的音频数据将被引入后续流程,其多层架构图如图 2.2-29 所示。在这个架构中,我们引入了缓存存储(Cache Store)组件,它负责接收音频数据的输入,并提供了两种可选的输入方式:通过管道(Pipe)或通过文件传输。缓存存储(Cache Store)组件在整个流程中起到了重要的作用。它充当了一个临时存储器,接收和缓存音频帧数据,以备后续的处理和传输。其中,通过管道(Pipe)输入方式能够直接将音频帧传输到 Cache Store 组件,实现了高效的数据传输和处理。

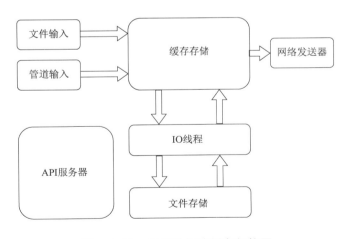

图 2.2-29　音频数据流缓存架构图

在这一架构中,经过缓存存储(Cache Store)组件的数据会通过网络发送到云端,以进行进一步的分析和处理。同时,为了确保数据的完整性和可靠性,引入了单独的线程,负责将音频帧保存到文件中,以保证数据在网络不稳定的情况下不会丢失。同时这种并行处理机制能够提高整个系统的效率和性能。通过以上流程,能够实现对音频数据的高效处理和传输。缓存存储(cache store)组件作为流程的关键部分,提供了灵活的输入方式,并有效管理音频帧的缓存。网络传输和文件保存机制则确保了数据的安全性和可靠性。这种多层架构的设计使系统能够应对各种场景和需求,并实现高质量的音频数据处理与传输。

系统中除了流式的音频数据外还存在许多结构化数据,比如系统的控制信息。对这些结构化数据进行压缩,也可以大大减少网络带宽消耗。结构化数据压缩技术方案是一种应用于计算机系统中的关键技术,用于高效地存储和传输大量结构化数据。系统采用的方案基于一种被广泛采用的数据序列化和反序列化协议,该协议利用了一系列的策略来实现数据的高效压缩和解压缩。

结构化数据压缩方案首先通过使用一种清晰而灵活的数据描述语言,对结构化数据进行定义。通过定义消息类型、字段和字段类型,数据的结构和层次关系可以得到明确规定。这种明确的定义为数据的紧凑编码和解码提供了基础。其次,该方案采用了一种基于二进制编码的格式来序列化数据。相比于文本格式,二进制编码可以更高效地表示结构化数据,并且能够占用更少的存储空间。此外,二进制编码还能够提高数据传输速度,减少网络带宽的使用。在数据的压缩过程中,该技术方案还利用了可选字段的压缩策略。通过在数据结构定义中指定字段的可选性,并使用默认值来表示未设置的字段,可以在序列化时忽略这些字段,从而减少传输的数据量。

2.2.5 安全与隐私保护

随着近几年云计算的普及以及越来越多具有一定算力的移动端、边缘端设备的推出,将一部分计算、传输、存储等任务放到边缘侧具有重要意义,边缘计算也随之产生。中国边缘计算产业联盟(EGC)在边缘计算的定义、体系结构、产业生态等方面进行了论述,将移动边缘计算描述为迈向5G的关键技术之一,同时,边缘计算也是一种针对大规模物联网应用的新型编程模型。尽管边缘计算具有诸多优点,解决了云计算中计算资源不足以及通信延迟等问题,但由于边缘节点经常工作在不可信的环境之中,边缘计算也面临着各种安全与隐私保护方面的问题与威胁。

边缘计算中的安全技术主要可以分为数据安全、身份认证和访问控制三个部分。数据安全是创建一个安全的云边环境的基础,包括数据安全性、安全共享、完整性审计和可搜索加密。由于边缘设备的隐私数据需要外包给云中心和边缘计算节点,这便造成了外包数据的所有权和控制权分离、存储随机化等特性,数据安全用于解决数据丢失、数据泄漏、非法数据操作等问题,继而进行安全数据操作,从而实现保障数据保密性和安全性的目的。

一个边缘计算环境中的参与者需要进行身份认证之后,才能使用边缘计算所提供的计算服务。在边缘计算中包括数据参与者、服务和基础设施等功能实体,边缘计算是一种多信任域共存的分布式交互计算系统,所以不仅需要为每一个实体分配身份,还需要考虑到允许不同信息域之间的实体进行相互认证。身份认证的主要研究内容包括单一域内的身份认证、跨域认证和切换认证。

为了节省本地存储和计算成本,边缘侧设备用户通常会将隐私数据存储到边缘端数据中心或云中心服务器中,因此访问控制也是系统安全性保障和用户隐私保护的重要方法。目前广泛使用的访问控制方案包括基于属性的访问控制和基于角色的访问控制,其中,基于属性的访问控制能够很好地适用于分布式架构,并实现细粒度的数据共享。边缘计算中的访问控制系统需要适用于不同信任域之间的多实体访问权限控制以及地理位置、资源所有权等因素。

在边缘计算场景下,用户无法得知哪些服务提供商是完全可信的,边缘侧用户的身份信息、位置信息和其他各种隐私数据都需要存储在边缘计算框架中的一些半可信实体中,因此边缘计算隐私保护是一个值得关注的问题,需要对用户数据隐私、身份隐私信息和位置隐私信息等提供保护。边缘计算场景下隐私保护技术可以分为三个方面,分别是隐私保护数据聚合、隐私保护外包计算和面向应用的安全计算。边缘计算的隐私保护数据聚合指的是边缘设备采集数据并对其进行加密后,将加密数据发送给边缘节点,由边缘节点之间合作进行密文数据上的分布式多方聚合计算。目前现有的大多数边缘计算中的数据隐私保护方法是利用公钥同态加密技术和差分隐私技术实现的。在数据聚合的基础上,资源有限的边缘设备可将各类复杂多元函数计算任务外包给具有存储、计算和通信资源的边缘节点完成,被称为隐私保护外包计算,一般可分为数据扰动、公钥全同态加密、多方安全计算和全同态数据封装技术四类。基于应用的安全计算指的是针对不同的边缘计算应用场景采取不同的隐私保护策略,常见的应用场景包括基本函数、机器学习与神经网络、图像处理、生物认证和密文搜索等。下面将重点介绍机器学习与神经网络应用场景以及联邦学习等技术。

由于在边缘计算场景中越来越多地使用机器学习、神经网络等技术,基于人工智能的边缘计算场景与联邦学习存在天然对应关系。联邦学习这个术语是由麦克马汉(McMahan)等人在 2016 年提出的,联邦学习(Federated Learning)是一种机器学习设置,其中多个实体(客户端)在中央服务器或服务提供商协调下协作解决机器学习问题。每个客户原始数据都存储在本地,并且不会交换或转移,在不上传原始数据的情况下进行模型训练从而达到隐私保护的目的。随着手机、智能穿戴设备和车载系统等移动设备的计算能力快速增强,可以将联邦学习中客户端的数据处理、模型训练等操作放在边缘侧进行。联邦学习可以分为三类:横向联邦学习、纵向联邦学习和联邦迁移学习。联邦学习系统中不同角色如图 2.2-30 所示。

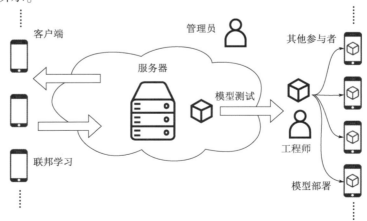

图 2.2-30　联邦学习系统中不同角色

一种典型的边缘计算场景下的联邦学习隐私保护架构图如图 2.2-31 所示，主要包含四个步骤：①本地使用本地差分隐私等技术进行加密，例如每台设备可以在参与安全聚合之前对本地的模型参数添加扰动，将加密数据集上传给负责本区域边缘设备的边缘节点；②边缘节点使用加密的数据集进行边缘端的模型训练，将获得的加密模型参数上传至中心云端服务器；③云中心服务器安全聚合加密的局部参数，获得加密的聚合模型参数，将参数返回至各边缘节点；④各个边缘节点进行多轮使用密文的模型训练，直到性能符合预期。

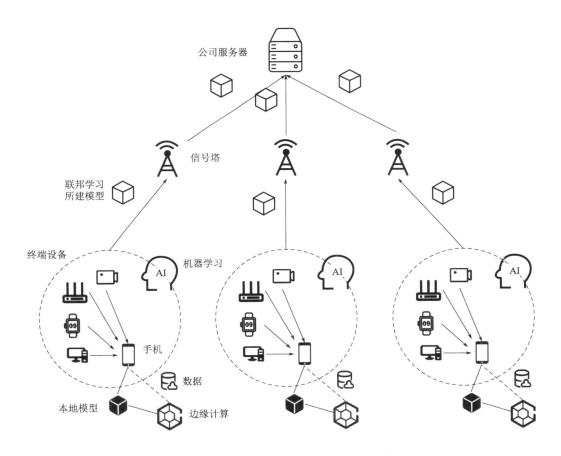

图 2.2-31　边缘计算联邦学习隐私保护架构图

如何在港珠澳大桥上实现数据的安全和隐私保护，系统着重考虑了数据采集、数据传输和数据平台收集三个方面。在数据采集方面，利用港珠澳大桥系统边缘计算框架中的设备管理组件，对设备进行资源抽象和管理，并采用设备注册认证检查的方式确保合法设备的接入。

在数据传输方面,港珠澳大桥系统提出了一套数据安全稳定传输方案。首先,引入边缘缓存功能,以防止数据在网络不稳定情况下的丢失。当网络情况良好时,数据可以直接通过输出插件传输到云端时序数据库中。然而,在网络不稳定的情况下,港珠澳大桥系统采用缓存机制将未能上传的数据暂时存储在边缘设备上,并在网络恢复或重新连接后再次上传。这样可以确保数据的完整性和可靠性。

在云边控制层面,系统使用证书进行双向认证,以确保云端和边缘节点之间的身份验证。证书是一种用于验证实体身份的数字凭证,由可信的证书颁发机构(CA)签发。在该系统中,云端和边缘节点分别持有自己的证书。当云端和边缘节点建立连接时,它们会相互验证对方的证书,确保通信双方的身份合法和可信。这样可以防止恶意攻击者冒充合法身份进行数据传输。同时,系统采用加密的通信协议,如传输层安全性协议(TLS)或安全套接层协议(SSL),以保障数据传输的机密性。这些协议通过在通信过程中对数据进行加密,使得只有授权的接收方能够解密和读取数据。加密过程使用对称密钥加密和非对称密钥加密相结合的方式,确保数据在传输过程中不会被未授权的第三方窃取或篡改。

在云边数据传输层面,同样采用证书加密和超文本传输安全协议(HTTPS)的方式,确保数据在传输过程中的安全。证书加密使用较长的密钥长度和更强的加密算法,提供更高的安全性。HTTPS 是基于 HTTP 协议的安全版本,通过将 HTTP 流量加密和身份验证,确保数据在网络传输过程中的保密性和完整性。使用 HTTPS 传输数据可以防止数据被中间人攻击和窃听。

通过采用这些多重安全措施,港珠澳大桥系统能够有效保障数据传输的安全性。证书双向认证确保了通信双方的身份合法和可信,加密通信协议保障了数据的机密性,而证书加密和 HTTPS 保证了数据在传输过程中的安全。这样的安全措施能够有效防止数据被篡改、窃取或未经授权的访问,为港珠澳大桥系统提供可靠的数据传输保护。然而,系统仍需不断关注新的安全威胁和漏洞,及时更新和加强安全措施,以应对不断演变的安全挑战。

通过以上措施,为了能够在大桥上确保数据采集、传输和平台收集的安全和隐私保护。港珠澳大桥系统方案综合考虑了设备认证、加密传输、断点续传、边缘缓存和边缘内部安全等多个方面,为大桥数据系统提供了全面的安全保障。

2.2.6 边缘设备管理方法

云计算的出现为大数据提供了高效的管理和计算平台,但是目前的网络带宽增长速度远远赶不上数据的增长速度,过长的传输链路会带来较高的延迟以及安全隐患。为了弥补云计算的以上不足,边缘计算应运而生。在边缘计算模板当中,计算资源更加接近数据源,而网络边缘设备已经具有足够的计算能力来实现源数据的本地处理,并将结果发送至云计算中心。这样,不仅仅可以降低网络传输过程当中的带宽压力,加速数据分析处理,同时还能降低终端敏感数据信息隐私泄露的风险。

当前物联网设备数量增长速度越来越快,这些设备包括各种机器及传感器、智能家居、车辆、穿戴设备以及工业设备等,每年产生的数据量非常庞大,但是物联网产生数据的一半比例会在网络边缘处理。

边缘作为云的延伸,可以提供 IoT 设备接入与数据采集的能力。相较于传统的 IoT 设备,数据采集都需要多层协议转换,最后将数据上报至网关,然后才能实现数据采集。如果网关一旦宕机,则会导致与网关相连的边缘设备的数据丢失。再者如果需要更新升级网关,无法做到短时间内批量大规模的更新升级。传统的 IoT 场景下发设备的控制指令流程比较烦琐。从设备角度考虑对于海量边缘设备的场景,无法高效地管理这些设备,给设备做鉴权,从云端对设备实现细粒度的控制等都是问题。

因此,采用一套高效稳定的数据采集以及设备管理方法去解决这些问题,可以克服上述的问题,进行设备统一管控。边缘设备管理是指对边缘计算环境中的设备进行配置、监控、维护和控制的过程。由于边缘计算环境通常由大量分布在不同地理位置的设备组成,有效地管理这些边缘设备对于确保系统的安全性、可靠性和性能至关重要。边缘计算设备管理模式如图 2.2-32 所示。

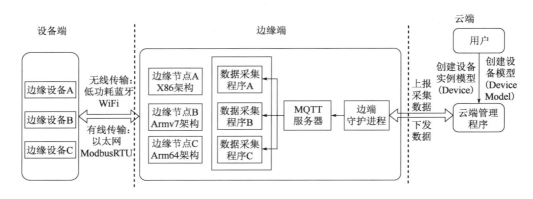

图 2.2-32　边缘计算设备管理模式

1) 设备模板构建

基于 Kubernetes API 扩展的定制资源以及声明式 API 的概念,将设备模板变成一类可被 Kubernetes 集群所管控的资源对象。设备模板描述了同类协议设备的设备属性,包括属性名称、默认值、类型等配置,用户可访问这些属性获取相应信息。设备模板是一个可重复使用的模板,可以管理大规模的同型号同协议设备。

2) 设备实例构建

基于 Kubernetes API 扩展的定制资源以及声明式 API 的概念,将设备实例变成一类可被 Kubernetes 集群所管控的资源对象。设备实例代表一个实际的设备对象,与设备模板有着强耦合的关系,相当于引用了设备模型中定义的属性并进行了相应的实例化。设备实例中的设备访问规范是静态的,但是设备属性的数据变化与设备本身的状态报告是动态的。创建设备实例时需声明该设备的各种具体属性信息,包括属性名称、属性类型、属性默认值、属性访问模式,并且根据不同设备协议(如 BLE,MODBUS,OPCUA)还需具有相应的访问地址设置,从而完成设备实例对象的创建。

3) 设备控制器

基于第一步和第二步生成的设备模板和设备实例对象,Kubernetes 通过 List/Watch 机制获取到对象的内容,合成 json 数据下发到边缘端以供给设备数据采集程序使用。当边缘端上报设备状态数据时,控制器会将相应的数据更新到 Kubernetes 中相对应的设备实例对象中,在边缘与云之间进行设备更新。

4)统一数据采集模块

数据采集模块替代了传统的网关,该模块直接由云端下发后部署到边缘侧,采集模块根据上文 3)中生成的配置进行设备数据的采集。与现有技术相比,本技术的有益效果是:通过构建设备模板和设备实例模板,云端下发设备的属性信息到边缘节点,边缘节点的应用可根据云端下发的信息的变化做成相应的响应,从而实现云边协同。代替了传统的实体物理网关,可灵活轻松实现应用快速升级部署,实现从下到上的高效数据采集和从上到下的设备控制。

港珠澳大桥提供一种基于云边协同的 IoT 设备数据采集以及设备管理方案,该设计可以在海量 CPU 异构的边缘节点、海量边缘设备的复杂边缘场景中,快速实现应用部署更新以及数据采集。具体实施方式如下:

(1)设备模板构建。建立设备模板的算法,通过该算法可直接在云端创建设备模板。模板配置包括以下多个方面:

①metadata.name,即设备模板名称,数据类型为字符串,是设备模板唯一标识,由小写字母、数字和中划线组成。

②properties.name,即与模板关联的设备的属性名,数据类型为字符串。

③properties.description,即设备属性的描述,数据类型为字符串。

④properties.type.int.accessMode,即设备属性的访问模式,数据类型为字符串,该字段有两类值,分别是 ReadOnly 和 ReadWrite,ReadOnly 表示只读,ReadWrite 表示可写。

⑤properties.type.int.maximum,即设备属性的最大值,采集到的数据不能超过该值。

⑥properties.type.int.unit,即设备属性的单位。

(2)设备实例构建,包括以下多个方面:

①deviceModelRef.name,即设备模板名称,选择使用已创建的设备模板,作为一种关联。

②protocol，即设备传输协议，数据类型为字符串，表示设备需要的传输协议。

③propertyVisitors，即设备属性访问的具体信息，数据类型为字符串。

④twins，即设备孪生属性，用于记录下发给设备的控制指令以及记录设备上报的数据。

（3）设备采集配置生成与下发。

通过设备控制器，按照设备实例与其绑定设备模板的信息，生成出数据采集模块所需格式的配置内容。

（4）统一数据采集模块。

采集模块中可提供不同协议的设备数据采集，通过云中心将统一数据采集模块下发到边缘侧，模块使用上文（3）的配置进行相应的数据采集并上报到云端。

总的来说，边缘设备管理方法主要涉及以下几个方面：

（1）设备发现和注册。

边缘设备管理方法的第一步是发现和注册边缘设备。这可以通过网络扫描、自动发现和手动注册等方式实现。设备发现和注册过程将边缘设备纳入管理范围，并分配唯一的标识符，以便进行后续管理操作。

（2）远程监控和管理。

边缘设备管理方法提供了远程监控和管理边缘设备的能力。通过远程管理工具或平台，管理员可以实时监视设备的状态、性能指标和运行状况。这包括设备的连接状态、资源利用率、运行日志、错误和警报等信息。管理员可以远程管理设备，如配置设备参数、启动/停止设备、远程诊断和故障排除等操作。

（3）设备发现和注册。

边缘设备管理方法允许管理员对边缘设备的配置进行集中管理。这包括设备的网络配置、安全配置、操作系统配置、应用程序配置等。通过配置管理，管理员可以确保边缘设备按照预期的要求进行配置，以满足系统的需求和安全标准。

（4）软件和固件更新。

边缘设备管理方法包括对设备上的软件和固件进行更新和升级。这可以通过远程方式进行，以减少对现场操作的需求。管理员可以远程推送软件补丁、安全更新和新功能升级，以确保设备的正常运行和安全性。

(5)安全管理。

边缘设备管理方法着重关注设备的安全管理。这包括设备的身份认证、访问控制、权限管理和安全策略的实施。管理员可以通过边缘设备管理平台对安全策略进行配置,确保只有经过授权的用户或实体才能访问设备和数据。此外,安全管理还包括监测和响应设备的安全事件,并采取相应的安全措施来应对潜在的威胁。

(6)故障排除和维护。

边缘设备管理方法提供了故障排除和设备维护的手段。管理员可以通过远程方式对设备进行故障排查,收集设备运行日志和诊断信息,并采取相应的修复措施。此外,管理员还可以制定设备维护计划,包括定期的设备检查、清洁、备份和替换,以确保设备的可靠性和持久性。

2.2.7 云—边—端协同

自2019年以来,边缘计算在物联网、5G等相关技术的发展推动下成为业界的火热名词,不了解其概念的人或许会认为其是对立于云计算的新事物,但事实上,边缘计算是云计算概念向用户一侧的延伸,使云计算的节点更为分布化,二者协同运作才是未来的主流模式,也即云—边—端协同的形态。为了明确这一点,中国信息通信研究院在"2019可信云大会"上发表了云边协同白皮书,分析了云边协同场景下的特点、需求和业务模式,以规范云计算行业的发展。如图2.2-33所示,该白皮书还指出,中心—边缘—端这一模式从电信网络时代开始就已经形成,而在云计算物联网时代,这种形态表现为云中心、小数据中心或网关以及传感器。

图2.2-33 中心—边缘—端协作模式演变

云计算与边缘计算的协同可以最大化二者的应用价值,边缘计算实时、快速等特点在云边协同场景中有着充分的体现。在物联网场景中,如果在云端处理物联网设备的海量数据,将会产生巨大的压力,边缘计算节点可以负责一部分数据的计算和存储,而当数据需要存储时,边缘侧的存储容量有限,此时需要将经过处理的数据再汇总到云中心,以便于进行数据挖掘和共享、模型算法训练等,云中心还可以根据需要对数据进行备份。图2.2-34展示了边缘在云—边—端协同中的具体功能,包括数据处理、数据缓存、请求发布、服务发布、隐私保护等,通过云—边—端协同,可以实现更及时的数据分析处理,减轻网络负载,边缘处的就地处理还支持任务的离线运行、数据的高安全性。

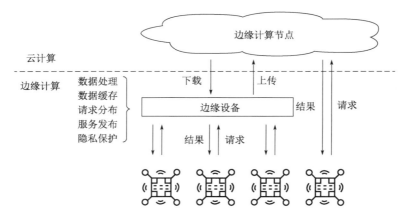

图2.2-34 云—边—端协同下的边缘计算

云—边—端协同可以应用在各种工农业生产场景、CDN网络、智慧城市等方面。在工业生产中,边缘计算节点可以自主检测产品和设备的故障,云端则负责节点的管理和数据的存储、管理、感知,进一步提升判断能力,提升工厂整体运行效率。同样,在农业生产中,可以在云端设置设备的控制逻辑,边缘节点根据设置以及环境的具体情况自动调节机电设备的运行。传统的CDN节点多部署在省级机房,无法满足对时延和带宽非常敏感的业务需求,由于视频业务的暴增,大量的回传带宽占用降低了CDN网络的效率,传统CDN的运营成本也比较高,基于云—边—端协同构建CDN,不只是增加了CDN的资源,通过边缘云和AI技术的结合,CDN节点可以具备弹性伸缩能力,快速响应用户需求。智慧城市是未来城市发展的前进目标,云—边—端协同可以在交通、安全管理、家庭生活等方面发挥作用。通过路边边缘单元和汽车本身等节点和云端的协同作用,使用人工智能算法协助车辆驾驶决策和事故预警,有助于交通系统的效率提高。云—边—端协同还可以带来更加智能的安保技术,使在边缘处将视频监控和人脸识别、行为检测等智能功能相结合成为可能,AI任务在云端执行,在边端则可以实时快速地分析和响应。在家庭场景中,用户可以通过云端控制部署在家里的终端设备,实现电器控制、视频监控、可视对讲等功能。

港珠澳大桥系统上如何做云—边—端协同,大致可以细分为数据协同、设备协同和应用协同三个方向。通过边缘计算和物联网技术相结合,将大桥上的设备、传感器、控制器等物理设备进行连接和集成。这样可以实现对大桥上的数据进行采集、处理、分析和应用程序的执行,从而提高大桥的安全性、可靠性和效率。

在数据协同方面,基于边缘计算框架,它允许云端和边缘设备之间的数据在不同层级之间进行流动和共享,在数据采集和传输上,边缘计算框架提供设备模型和设备接入框架,使各种边缘设备能够方便地接入系统,并通过传感器等方式采集数据。采集到的数据可以通过边缘节点上的消息代理将其发送到云端。数据传输过程中,边缘计算框架支持多种通信协议和安全机制,确保数据的可靠传输和安全性。在数据处理和分析上,边缘计算框架提供在边缘节点上执行容器化应用程序的能力,这使得在边缘节点上可以进行实时数据处理和分析。边缘节点上的应用程序可以接收来自设备的数据,并对其进行实时处理,例如数据过滤、聚合、转换等。这样可以减少将大量数据传输到云端进行处理的需求,降低延迟并节省网络带宽。在数据共享和同步上,边缘计算框架提供了数据共享和同步的机制,使得云端和边缘节点之间的应用程序能够实时共享和同步数据。云端应用程序可以通过订阅边缘节点上的数据变化事件来获取最新的数据,并对其进行进一步处理和分析。同时,云端应用程序也可以将处理结果和指令发送回边缘节点,实现对边缘设备的控制和调度。在数据持久化和存储上,边缘计算框架提供了持久化和存储机制,允许在边缘节点上对数据进行本地存储和查询。边缘节点上的应用程序可以将处理后的数据存储在本地数据库或分布式存储中,以供后续查询和分析使用。这样可以降低对云端存储资源的依赖,同时提高数据的可用性和响应性。

在设备协同方面,基于边缘计算框架实现边缘节点部署,边缘节点将成为边缘计算的运行环境,在边缘节点上可以运行边缘应用程序和服务。同时,将大桥上的各种设备连接到边缘节点上。这些设备可以是传感器、执行器、控制器等,通过传感器采集数据,并通过执行器对设备进行控制。边缘节点通过各种通信协议与设备进行连接,如MQTT、Modbus等。通过框架的设备注册管理模块,边缘节点将连接的设备注册到边缘计算平台上,设备注册包括定义设备的元数据、标识符和功能等信息。注册后,边缘计算管理平台将管理和跟踪这些设备,并提供设备的状态和元数据查询功能。边缘计算平台监控各个边缘节点上的设备状态和数据。通过边缘节点上的代理程序,将设备数据上传到云端进行处理和分析。边缘节点可以根据预定义的规则对设备状态进行监测,如异常报警、故障检测等。同时,边缘计算框架提供了设备之间的协同功能,可以通过定义和管理设备之间的关系和规则,实现设备的协同工作。例如,当某个设备的状态发生变化时,可以通过规则引擎触发其他设备执行相应的操作。这样可以实现设备之间的联动和协调工作,提高整体系统的效率和可靠性。

  在应用协同方面,应用协同是指不同应用程序之间相互协作、共享资源和信息,以实现更复杂的功能和业务需求。监测与告警上,通过在大桥上的边缘节点上部署传感器设备,可以实时监测大桥的结构、环境和安全状态。这些传感器可以检测桥梁的振动、温度、湿度等参数,并将数据上传到边缘节点。通过边缘计算平台的应用协同功能,可以将这些数据共享给各个应用程序进行处理和分析。例如,当传感器检测到异常振动或超过预设阈值的温度时,可以触发告警应用程序发送警报,通知相关人员进行检修和维护。在数据分析与预测上,通过连接到大桥上的传感器设备采集的数据,可以进行数据分析和预测,以提前发现潜在的问题和风险。通过边缘计算平台的应用协同功能,可以将采集到的数据传输到云端或其他边缘节点上进行更复杂的数据处理和模型训练。例如,通过对大桥振动数据的分析和预测建模,可以预测桥梁的结构健康状况,并及时采取措施进行维护和修复。在跨设备联动与控制上,大桥可能存在多个设备和系统,如监控摄像头、照明系统、交通灯等。通过边缘计算平台的应用协同功能,可以实现这些设备之间的联动和控制。例如,当监控摄像头检测到异常情况时,可以通过边缘计算平台触发其他设备和系统执行相应的操作,如打开照明系统、调整交通灯信号等,以提供更好的安全保障和交通流畅。在分布式计算与存储方面,大桥上的边缘节点可以作为分布式计算和存储资源的一部分,通过边缘计算平台进行管理和协同。这样可以将一些计算任务和数据处理推送到边缘节点上进行处理,减少云端的带宽消耗和延迟。例如,在大桥上运行的视频监控系统可以将视频数据分析和存储推送到边缘节点上进行处理,只将关键事件和结果传输到云端进行进一步分析和存储。

2.3 发展趋势与技术挑战

在学术界和工业界,研究云—边—端协同的边缘计算技术已经成为热潮。就互联网的企业而言,许多技术较强的公司已经开展了大量云—边—端协同的计算模式实践,设计协同方案并开发计算平台,将云的计算能力下沉到边缘侧,在国际上有亚马逊的 AWS Grenngrass 功能软件、微软的 Azure IoT Edge、谷歌的 Edge TPU 等,国内阿里、腾讯、华为等厂家也都有自己的边缘计算产品,如 Link IoT Edge、CDN Edge、BIE、IEF 等平台,数据处理和机器学习等功能逐渐扩展到边缘设备本地执行。就工业企业而言,丰富的应用场景使得一些企业开始在生产中融入边缘计算相关技术,如海尔、树根互联等。另外,移动网络运营商们在 5G 大力发展之际全面部署边缘节点,为边缘计算提供了基础设施条件,中国移动在多个省(区、市)开展 MEC 应用试点,对边缘的端到端验证、VR 技术应用等领域展开研究,中国联通开发了 Edge-Cloud 平台并发布白皮书,中国电信同样研发了应用于车联网、工业互联网的分布式边缘计算平台,各运营商在未来将继续推进 MEC 与 5G 计算的深度融合。

图 2.3-1 描绘了边缘计算的应用前景。未来的发展中,边缘计算在工农业生产、智慧家庭、智慧城市、智慧交通、自动驾驶等场景的应用将进一步深入,除此之外,云—边—端协同的边缘计算模式有望在医疗行业和云游戏产业进一步落地。随着各种设备的智能化,可穿戴式智能手环、手表等健康设备受到人们的欢迎。如果将这些边缘设备与云端相连接,可以在边缘侧对健康数据进行监测和分析,医生在评估病情时,可以结合云端和边缘的数据。在云游戏产业中,增强现实(AR)、虚拟现实(VR)等新兴技术的加入将使产品对玩家更具吸引力,其他的一些多人竞技游戏也是玩家们所青睐的内容。在这些游戏场景中,接入边缘节点可以降低游戏的延时,而把游戏的一部分内容放置到云端运行,可以减少本地的游戏负载。

近几年,人工智能在计算机视觉、语音识别、自然语言处理等领域取得了实质性突破,AI 技术已经渗透到日常生活中的方方面面,终端与云计算中心的距离遥远,终端设备产生的数据却越来越多,这使得利用云上资源实现 AI 算法不再能满足人们的需求,而边缘计算架构则给 AI 技术提供了一个平台。边缘智能(Edge Intelligence,EI)在现在和将来都是边缘计算中最重要的课题,其研究范围非常广泛,包括在边缘、终端、云端运行 AI 模型,在 AI 模型训练推理中使用云边端协同技术,边缘网络中的分布式深度学习算法,使用 AI 技术进行边缘计算中的性能分析等。可以将 EI 分为基于边缘计算的 AI(AI on edge)和基于 AI 的边缘计算(AI for edge),前者旨在在边缘网络环境中部署 AI 算法,后者研究利用 AI 算法在解决边缘计算问题时的应用。

图 2.3-1　边缘计算的应用场景

在 AI on edge 中,包括模型训练和模型推理。模型的训练通常使用联邦学习方法,通过上传模型参数来学习全局模型,训练方式的改进可以围绕高效通信、资源优化、安全增强等方面展开。如果模型很大,即使只是上传参数也将占用大量的资源,何况边缘设备的计算资源非常稀缺,压缩模型参数、改变学习策略、定期而非持续与服务器通信可以提高通信效率。边缘网络中的设备种类丰富,全局网络模型的聚合延迟取决于网络中计算能力较弱的设备,直接将这些设备的信息去除可能会影响模型的性能,资源优化需要考虑各设备的资源分配,提高异构训练能力。安全增强考虑模型训练中的隐私问题,尽管联邦学习考虑了训练数据的泄漏,但是模型更新仍有一定的风险,为此可以在敏感数据中加入噪声,全局模型的更新也需要考虑恶意的中毒数据,这些安全增强策略可能会影响设备与服务器之间的信息交换,进而影响模型的可靠性或增加训练模型的延迟。在模型推理中,需要考虑模型的优化、分割和共享。模型优化通过参数剪枝、卷积滤波、知识蒸馏等技术节省参数,减少推理过程需要的资源。模型分割旨在在边缘设备执行推理计算,将大量的计算任务分解,通过不同设备的协同解决问题。模型共享包括在缓存中保留部分推理结果和利用训练良好的模型进行迁移学习等方法，可以减少训练和推理过程中的能耗和时间。在 AI on edge 中，除了训练方法本身外，还可能面临数据质量、设备协调机制、模型性能指标等问题。

在 AI for edge 中，AI 算法可以应用于计算迁移、边缘缓存等具体技术的优化之中。当边缘设备需要卸载计算任务到附近节点时，可能面临是否需要卸载、卸载节点的选择、不同任务的卸载策略决策等问题。对于此类问题需要使用机器学习相关方法，基于深度学习的方法相对而言更为有效。边缘缓存的目的在于加快响应速度，减少重复传输消耗，为此需要对内容的流行度进行估计。而这些信息是未知的，而且，边缘网络中的异构设备导致缓存策略设计难以统一，深度学习算法为解决复杂的缓存问题提供了思路。在 AI for edge 中，需要解决部署时的节点选择和资源分配、具体问题的建模方法、技术优化程度与卸载和缓存效率之间的平衡等问题。

边缘计算中的设备和网络都具有异构性，这给边缘计算中的编程带来了挑战。传统的云计算模型中，基础设施是透明的，只需将编写好的程序放至服务器运行即可，而在边缘计算模式中，应用程序必须是可分割的，数据和资源必须是分布式的，但异构的计算平台拥有不同的运行时环境、资源量和数据，因此，边缘计算场景中的应用程序部署缺乏较好的编程模型。不仅如此，在软件开发中，编程人员需要对软硬件进行选型，例如 CPU、GPU、FPGA、ASIC 等硬件，TensorFlow、Caffe、Pytorch 等深度学习框架，能够根据自身应用特性以及边缘计算环境的特点选择合适的软硬件框架非常重要。目前仍缺乏帮助开发者对性能、能耗等因素进行有效分析以选择软硬件型号的工具。随着边缘计算中各种平台的出现，人们还需要基准测试集来评测这些系统，区别于传统的计算场景，边缘计算场景包含的情形非常多，难以用一个统一的基准测试集对所有边缘场景都适用，如何将各个场景下的基准测试集相互融合，形成比较通用的边缘计算基准测试集，也是相关研究的努力方向。

边缘节点的落地问题也是实际应用中的一大阻碍。在策略方面，计算迁移中任务的差分、调度的策略、调度任务的选择等问题，边缘缓存中缓存内容、缓存位置、更新策略等问题，都需要更进一步的研究，在能耗、延时、带宽等资源中寻求最优平衡。边缘计算场景与其他相关行业联系更为紧密,因为其设备更加靠近数据源一侧,因此,边缘计算系统的设计还需要考虑其他专业领域的知识,垂直行业要充分享受边缘计算技术的好处,也需要对计算机专业技术有一定的掌握。在边缘计算系统的设计中,需要尽量往各行业的行业标准靠拢。对于一些特殊行业,还必须有完善的数据保护和访问的机制。边缘节点的离散分布给节点的维护增加了难度,软件的维护可以通过网络进行,但硬件的维护可能会带来巨大的开销,如何维护、谁来维护是工业生产中需要明确的问题。不同边缘节点的选择会导致较大的服务质量差异,如何选择合适的边缘节点,达到降低成本、提升性能的效果,是现有基础设施与边缘计算相融合的关键。在具体的场景里,不同数据源的选择也可能影响边缘计算的效率,对于具体的问题而言,可以使用不同的数据作为解决方案的输入,如何合理地选择数据来源,也是边缘计算需要研究的课题。边缘计算中的可靠性也非常重要,传感器、摄像头等边缘设备相较于传统的基础设施更容易被破坏,如何保障边缘节点中设备和数据稳定可靠,但又不占用过多资源,需要对数据备份等机制进行精心设计。

2.4 本章小结

本章以云原生边缘计算技术为重点,结合港珠澳大桥桥梁运维业务情况,介绍了在港珠澳大桥中应用的边缘计算相关技术。

设计了一种基于轻量化云原生边缘计算的多模态多渠道海量数据采传收一体化技术,通过云—边—端协同的方式对大桥传感器在边缘侧进行数据采集、数据预处理与数据传输,采用多种无线组网方式进行各类计算设备、传感器等相互间的自动感知,为云—边—端协同提供稳定高效的网络通信,并结合边缘侧的网络状态探测、数据压缩、数据加密等方法,实现边缘数据自适应缓存与传输,保障数据完整性、时效性与安全性。

本章参考文献

[1] SHI W, CAO J, ZHANG Q, et al. Edge computing: vision and challenges[J]. IEEE Internet of Things Journal. 2016, 3(5): 637-646.

[2] 施巍松, 张星洲, 王一帆, 等. 边缘计算: 现状与展望[J]. 计算机研究与发展, 2019, 56(01): 69-89.

[3] 吴雅琴. 物联网技术概论[M]. 北京: 科学出版社, 2020.

[4] 孙利民. 无线传感器网络: 理论及应用[M]. 北京: 清华大学出版社, 2018.

[5] 郑俊光, 王建新. 桥梁结构健康监控的无线传感网络系统设计[J]. 通信技术, 2012, 45(2): 4.

[6] 郭文书, 刘小洋, 王立娟. 物联网技术导论[M]. 武汉: 华中科技大学出版社, 2017.

[7] 杨震. 物联网的技术体系[M]. 北京: 北京邮电大学出版社, 2013.

[8] 解运洲. 物联网系统架构[M]. 北京: 科学出版社, 2019.

[9] 董玮, 高艺. 从创意到原型 物联网应用快速开发[M]. 北京: 科学出版社. 2019.

[10] 朱友康, 乐光学, 杨晓慧, 等. 边缘计算迁移研究综述[J]. 电信科学, 2019, 35(04): 74-94.

[11] 董思岐, 李海龙, 屈毓锛, 等. 移动边缘计算中的计算卸载策略研究综述[J]. 计算机科学, 2019, 46(11): 32-40.

[12] VERBELEN T, SIMOENS P, TURCK F D, et al. Cloudlets: bringing the cloud to the mobile user[C]//The 3rd ACM Workshop on Mobile Cloud Computing and Services. New York: ACM Press, 2012: 29-36.

[13] RA M R, SHETH A, MUMMERT L B, et al. Odessa: enabling interactive perception applications on mobile devices[C]//The 9th International Conference on Mobile Systems, Applications and Services. New York: ACM Press, 2011: 43-56.

[14] CHUN B G, IHM S, MANIATIS P, et al. CloneCloud: elastic execution between mobile device and cloud[C]//The 6th ACM EuroSys Conference on Computer

Systems. New York:ACM Press,2011:301-314.

[15] HONG K,LILLETHUN D, RAMACHANDRAN U, et al. Mobile fog: A programming model for large-scale applications on the internet of things[C]. ACM:The Second ACM SIGCOMM Workshop on Mobile Cloud Computing, 2013:15-20.

[16] 张佳乐,赵彦超,陈兵,等.边缘计算数据安全与隐私保护研究综述[J].通信学报,2018,39(3):21.

[17] MCMAHAN H B, MOORE E, RAMAGE D, et al. Communication-efficient learning of deep networks from decentralized data[C]. In Proceedings of the 20th International Conference on Artificial Intelligence and Statistics,2017:1273-1282.

[18] 周俊,沈华杰,林中允,等.边缘计算隐私保护研究进展[J].计算机研究与发展,2020,57(10):2027-2051.

[19] 徐恩庆,董恩然.探析云边协同的九大应用场景[J].通信世界,2019(21):42-43.

[20] 乔德文,郭松涛,何静,等.边缘智能:研究进展及挑战[J].无线电通信技术,2022,48(01):34-45.

CHAPTER 3 | 第 3 章

海量流式数据的
实时处理与分析技术

3.1 概述

当今时代,随着信息技术的快速发展,各行各业产生的数据高速增长。为了从大量的数据中提取出有效信息,大数据处理技术变得愈发重要。对于数据处理系统中处理的各种数据集,从大小这个维度,可以将数据集分为有界数据集和无界数据集两种。有界数据集表示数据集大小有限,例如一个网站在某一个时间段的访问次数和用户在一段时间内的操作方式等;而无界数据集表示数据集从理论上来说可以是无限的,例如某一个大型系统的日志输出子模块,它能够不断输出系统日志。数据集的大小是一个非常关键的属性,它能够影响数据处理系统处理该数据集的方式。下面介绍大数据处理技术中的数据处理模式方法,并认识流计算技术。

3.1.1 大数据处理模式

数据处理模式可以分为批数据处理(Batch Processing)和流数据处理(Stream Processing)。对同一份数据进行计算时,不同的数据处理模式能够给出不同的保证。

批数据处理首先从各种数据源中获取原始数据,将这些数据存储在数据库中,然后一次性读取所有新的数据并进行相应处理。典型的批数据处理系统是 MapReduce。

流数据处理是将数据视为流,源源不断的数据组成了数据流。流数据(或数据流)是指在时间分布和数量上无限的一系列动态数据集合体,数据的价值随着时间的流逝而降低,因此必须实时计算并给出响应。流数据处理模式包括窗口化和近似算法等技术。

流数据处理系统具有低延时但结果不准确的特点,而批数据处理系统具有时延高但结果准确的特点,因为批数据处理系统会将需要计算的数据全部获取到系统中再进行计算,不存在流数据处理系统中存在的数据顺序错误或是数据迟到等问题。

3.1.2 初识流计算

流计算即数据处理系统中的流数据处理所使用的技术。通过大数据处理,人们能获取海量数据中包含的有价值的信息,但是部分数据在产生后不久就有了更高的价值,而且这种价值会随着时间的推移而迅速减少。流处理的关键优势在于它能够更快地挖掘出数据包含的信息,这个过程通常在毫秒到秒之间。流式计算的价值在于业务方可在更短的时间内挖掘业务数据中的价值,并将这种低延迟转化为竞争优势。比方说,在使用流式计算的推荐引擎中,用户的行为偏好可以在更短的时间内反映在推荐模型中,推荐模型能够以更低的延迟捕捉用户的行为偏好,以提供更精准、及时的推荐。流式计算能做到这一点的原因在于,传统的批量计算需要进行数据积累,在积累到一定量的数据后再进行批量处理。而流式计算能做到数据随到随处理,有效降低了处理延时。

流式处理主要用于两种类型的场景:持续计算和事件流。在持续计算中,比如对于大型网站的流式数据:网站的访问 PV/UV、用户访问了什么内容、搜索了什么内容等。实时的数据计算和分析可以动态实时地刷新用户访问数据,展示网站实时流量的变化情况,分析每天各小时的流量和用户分布情况;比如金融行业,毫秒级延迟的需求至关重要。一些需要实时处理数据的场景也可以应用 Storm,比如根据用户行为产生的日志文件进行实时分析,对用户进行商品的实时推荐等。

在事件流中,事件流表示持续产生的大量数据,这类数据最早出现于传统的银行和股票交易领域,也在互联网监控、无线通信网等领域出现,需要以近实时的方式对更新数据流进行复杂分析如趋势分析、预测、监控等。简单来说,事件流的查询中,查询语句是固定的,而数据在不断变化。

3.2 流数据实时计算技术

3.2.1 背景和现状

对海量流数据进行处理和实时分析,需要实时应用具有优秀单点性能的同时也具有良好的水平和垂直可扩展性。前述内容已经介绍了流数据实时计算技术的计算引擎设计范式,本部分将主要介绍跨海大桥实时流计算架构实际工程应用中的若干关键节点,包括海量流式数据动态分区技术架构设计以及分布式流数据实时计算引擎的状态存储后端架构设计等。

在工程实现上,微批流数据处理系统(Micro-batch Stream Processing System)是一种用于处理实时数据流计算抽象框架的一种常用工程实现,它结合了批处理和流处理的特点。与传统的批处理系统和流处理系统不同,微批流数据处理系统以微批次的方式来处理数据,即将数据划分为小的批次,然后按照批次的方式进行处理,而不是连续不断地处理单个事件。

微批流数据处理系统通常用于处理具有高吞吐量的数据流,其工程设计所面向的场景正符合跨海大桥的传感器数据流场景。微批流数据处理系统可以有效地处理大规模的数据,提供低延迟的处理能力,并通过可靠设计的分布式流计算引擎状态后端来支持容错和数据恢复,亦可以通过动态批粒度等技术手段完全实现流计算引擎架构设计面向的数据流(Dataflow)设计范式采用窗口化的处理方式,即允许对数据流的不同时间窗口进行聚合、分析和计算。

对于跨海大桥所配备的设备大量用于监测各种重要参数,如结构健康状态、气象条件、交通流量等工程健康监测指标的传感器,微批流数据处理系统架构一方面可以通过数据聚合的方法减轻物理机器计算任务切换和调度的数量,提升整体数据流维度上的吞吐量,另一方面可以控制数据延时以提供近实时的数据处理和分析,以提供高级工程指标的计算与桥梁健康状况实时分析预警的能力。

分布式流数据处理系统的工作模式可以抽象为映射—规约(Map-Reduce)模式。Map-Reduce 是一种编程模式,通过定义两种针对数据元组的操作,Map 和 Reduce 操作,并将这两种算子根据需求在分布式节点上部署和执行,可以让编程者部分忽略分布式系统的多项复杂细节,专注于业务代码的编写和预期功能的实现。在 Map 步骤中,输入数据被分成多个小数据块,每个数据块被映射到一个函数,这个函数会对每个数据块进行处理并生成一系列的键值对(Key-Value Pairs)。这些键值对将被存储在分布式文件系统中,并准备用于 Reduce 步骤;在 Reduce 步骤中,每个键值对都会被传递给一个 Reduce 函数。Reduce 函数会对具有相同键的所有值进行合并处理,并将处理结果作为输出。通过构建

Map操作节点和Reduce操作节点的有向无环图(Directed Acyclic Graph,DAG),就可以构建出分布式流数据处理系统的数据处理流程图。

微批流数据处理系统需要考虑到系统层面的数据倾斜和可变数据到达率,而执行任务的算子引擎的整体可用性又对负载量的变化较为敏感,因此微批流数据处理系统的性能和服务可用性高度依赖于数据分区(Data Partitioning)技术。

数据分区技术,就是将数据按其关键区别特征,即键(Key)为判别标准,佐以数据体量、处理时间信息、处理地理位置信息等辅助数据信息将数据分割为若干小部分,并将小部分分派给分布式的计算执行引擎的技术体系。而能够收集并利用上述辅助信息,并根据辅助信息动态调整数据划分策略,乃至根据下游应用的运行特征,反馈进行动态调整的分局方法即为动态数据分区方法(Dynamic Data Partitioning)。实现良好的动态数据分区方法能获得好的负载平衡(Load Balance)能力,即能够合理分配工作负载或请求到多个处理单元、服务器或计算资源上,以便提高系统的性能、可用性和可伸缩性。

微批流数据处理系统的另一个关键技术节点是状态后端存储系统(State Backend Storage System)。状态后端存储系统允许实时计算的流数据处理系统启用有状态算子(Stateful Operator)。所谓状态,即为算子因处理流数据而具有中间状态的信息以及指定为流数据处理系统的输出端算子的输出数据。状态后端存储系统使得微批流数据处理系统一方面能够存储在处理到不同的数据载荷和同一数据流的不同位点时的算子状态信息,另一方面又能够保证处理统一数据流到指定位点时,能够拥有确定的算子状态,即保证算子的重放幂等性(Replay Idempotence)。

在状态后端存储系统的基础上,有良好的工程实践可用性的分布式微批流数据处理系统还应当提供高效的容错容灾(Fault Tolerance,FT)能力,使得分布式系统能够容忍分布式系统场景下一部分节点由于包括网络错误、物理机器断电、存储和计算设备故障等突发情况故障无法使用时,仍然使整体服务可用的能力,以及快速故障转移恢复(Rapid Failover & Recovery,FR)的能力,即在这些节点从故障中恢复后,快速使分布式设备集群恢复正常工作的能力。Spark Streaming、Flink等开源分布式流计算系统中提供了实现这一系列能力的解决方案,

Spark Streaming 通过其弹性分布式数据集（Resilient Distributed Datasets，RDD）实现这一能力，而 Flink 则通过改进的 Chandy-Lamport 算法、与状态后端具体实现无关的轻量化异步快照（Lightweight Asynchronous Snapshots）算法实现。

3.2.2 动态数据分区技术方案

跨海大桥项目中的微批流数据处理系统所使用的动态数据分区技术方案可以总结为以下若干技术要点：

（1）频率感知缓存：获取一批数据流元组，建立一个哈希表（HashTable）和平衡二叉搜索树（Balanced Binary Search Tree，Balanced BST）来维护数据元组的统计信息。具体地，根据元组的键将数据流元组存储到哈希表 HTable $<k, v_i>$，其中 k 为键，v_i 为指向每个键对应的元组列表 $tupleList_i$ 的指针；HTable 存储键的频率计数 $count_i$；同时，键的频率计数会保存到平衡二叉树 CountTree 中，HTable 中每一个键都拥有指向 CountTree 中相应频率计数节点的双向指针，该指针允许直接更新键的计数节点；遍历 CountTree 来生成键及其相关频率信息的有序列表 $<k_i, count_i, tupleList_i>$，$k_i$ 为元组中第 i 个键。

（2）平衡负载批分区：所有共享相同键值的数据流元组被建模为一个单项，将步骤（1）中有序列表中的数据流元组按批分区，每个分区为一个数据块，每个数据块中需存储键是否被分割的信息，分区过程需要满足以下条件：限制单项的拆分次数；最小化数据块中不同单项的数目；维持各数据块的容量相等。

（3）处理阶段的分区：在平衡负载批分区步骤中，每个数据块拥有键是否被分割的信息，用 Map 任务处理数据块，Map 任务利用键被分割的信息来将键簇分配到 Reduce 阶段的存储元素的位置的"桶（buckets）"中；Map 阶段的输出为由键值对组成的簇，每个键簇拥有相同键的所有数据值，键簇 C_k 可被表示为 $C_k = \{(k, v_i) | v_i \in k\}$，$v_i$ 为键 k 所对应的数据值；假设由给定 Map 阶段输出的 K 个键簇需要分配到 r 个 ReduceBuckets 中。Map 任务的输出为 $I = \{C_k | k \in K\}$，为保证 Reduce 阶段的负载平衡，需要保证每个 ReduceBucket 的分配一致，设置为 BucketSize $= \dfrac{I}{r}$。

下面结合图例，对这一技术方案作进一步详细描述。

如图 3.2-1 所示，这一技术方案提供了微批流处理系统中的动态数据分区方法,所述动态数据分区方法通过频率感知缓冲(Frequency Aware Buffer)技术来使得批分区前准备工作所需时间最小化。在批分区阶段通过将问题抽象为经典装箱问题(Packing Problem,一个经典的组合优化问题),限制了键的碎片化,使得数据块之间的基数差异最小化,并保持各数据块大小相等,实现了对数据的负载平衡分区。在处理阶段把问题抽象为可变容量装箱问题,同时使用最差适应算法(Worst Fit First)来分配键簇,保证了Map任务间的负载平衡。最后,采用动态资源管理技术实现负载动态调整。这一技术方案通过启发式的方法来对Map-Reduce任务中的输入数据进行分区,并采用动态资源管理来调整运行时的并行程度,使得该方法对数据分布和到达率的波动具有鲁棒性,并可以在不增加延迟的情况下大幅提高数据处理吞吐量。

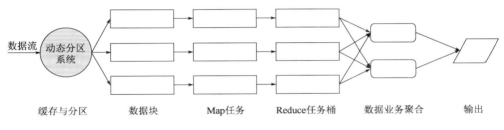

图 3.2-1　Map-Reduce 和动态数据分区系统

频率感知缓存具体可概括为如下步骤:获取一批数据流元组,建立一个哈希表和平衡二叉搜索树来维护数据元组的统计信息,其中哈希表是一种通过哈希函数计算数据存取未知,从而以常数级别的平均时间复杂度添加、删除和访问键值对数据的数据结构,平衡二叉搜索树是一种通过动态调整二叉搜索树来支持以 $O(\log n)$ 级别的平均和最差时间复杂度来添加、删除和访问有序键值对数据的数据结构;具体地,根据元组的键将数据流元组存储到哈希表 HTable $<k, v_i>$,其中 k 为键,v_i 为指向每个键对应的元组列表 tupleList$_i$ 的指针;HTable 存储键的频率计数 count$_i$;同时,键的频率计数会保存到平衡二叉树 CountTree 中,HTable 中每一个键都拥有指向 CountTree 中相应频率计数节点的双向指针,该指针允许直接更新键的计数节点;遍历 CountTree 来生成键及其相关频率信息的有序列表 $<k_i, \text{count}_i, \text{tupleList}_i>$,$k_i$ 为元组中第 i 个键。

在实践中,如图 3.2-2 所示,输入数据流 S,批间隔 $t_{\text{start}} - t_{\text{end}}$,设置更新补偿 budget 和初始频率补偿 f。首先,重置哈希表 HTable 和用来保存频率计数的

CountTree；然后循环遍历批间隔内接收到的数据元组，将数据元组计数 N_c 加一；如果该元组的键在 HTable 中，那么将元组插入 HTable 该键的链表中，并更新当前键的频率 $k.\text{Freq}_{curr}$、当前键频与更新前频率的差值 $\text{Delta}_{freq} = k.\text{Freq}_{curr} - k.\text{Freq}_{updated}$，现在时间和上一次更新时间的差 $\text{Delta}_{time} = \text{Time}_{now} - k_{\text{LastUpdateTime}}$，如果键的当前频率步长 $k_{f.\text{step}}$ 等于 Delta_{freq} 或者当前时间步长 $k_{t.\text{step}}$ 等于 Delta_{time}，那么更新 CountTree 中的 k_{freq}、$k.\text{budget}$、$k.\text{Freq}_{Updated}$，如果 $k_{f.\text{step}}$ 等于 Delta_{freq} 则更新 $k_{f.\text{step}} = \left(\dfrac{N_{\text{EST}}}{\text{budget}}\right) \cdot k.\text{Freq}_{curr/NC}$，如果 $k_{t.\text{step}}$ 等于 Delta_{time} 则更新 $k_{t.\text{step}} = (t_{end} - \text{Time}_{Now})/k.\text{budget}$；如果该元组的键不在 HTable 中，将不同键的计数值 K 自增一，并将元组插入 HTable 中，将元组的键插入平衡二叉树 CountTree 中，初始化 $k.\text{Freq}_{curr}$、$k.\text{Freq}_{updated}$ 为 1，初始化 $k_{t.\text{step}} = (t_{end} - \text{Time}_{Now})/\text{budget}$、$k_{f.\text{step}} = f$。

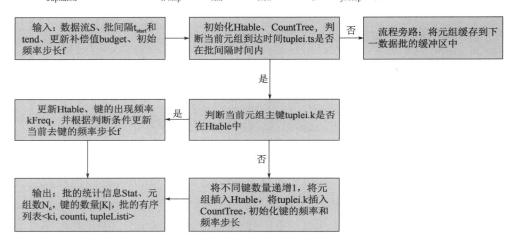

图 3.2-2　频率感知缓存建立过程

注：Htable 为哈希表，CountTree 为平衡二叉树。

为了提高数据处理速率，常采用更粗粒度的方式来更新 CountTree，即在一定时间间隔内周期性地更新 budget 次，其中 budget 为根据需要确定的补偿值；定义控制参数 f_{step}，每收到同一个键的 f_{step} 个新元组就更新一次节点的计数，最初 f_{step} 被设置为能反映最佳步长的常数 $f \leftarrow \dfrac{N_{\text{Est}}}{K_{\text{Avg}} \cdot \text{budget}}$，其中 N_{Est} 是平均数据率下一个批间隔中的数据元组数，K_{Avg} 为过去几个批中不同键的平均数。f_{step} 是根据当前键的频率与当前批间隔中接收到的元组总数之比自适应地为每个键更新估计，即更高频次出现的键需要接收更多数据元组来触发更新；为了确保所有元组的节点得到更新,设置基于时间的控制参数 t_{step} 来更新长时间未得到更新的键,该参数是基于键的 budget 更新已消耗时间和批间隔剩余持续时间来估计的。

平衡负载分区步骤的逻辑流程可概括如下:所有共享相同键值的数据流元组被建模为一个单项,在频率感知缓存过程中有序列表中的数据流元组按批分区,每个分区为一个数据块,每个数据块中需存储键是否被分割的信息,分区过程需要满足以下条件:限制单项的拆分次数;最小化数据块中不同单项的数目;维持各数据块的容量相等;该步骤是将批分区问题定义为可拆分项目的平衡装箱问题,给定拥有 N 个不同项的集合:$k_1,k_2,\cdots,k_N$,每项大小为 S_n,其中 $1 \leqslant n \leqslant N$;给定 $B=\{b_1,b_2,\cdots,b_B\}$ 个箱子,每个箱子容量为 C,那么可拆分项的平衡装箱问题即将各项在同时满足以下条件的情况下分配到不同箱 $b_1,b_2,\cdots,b_B$ 中:①对于任意 $b_j,j\in[1,B]$,都有箱内的元组数等于箱的容量 C;②对于任意 $b_j,j\in[1,B]$,都有箱内不同项的个数大于等于 N/B;③对于任意项,要求被分割次数尽可能少。装箱时,将频率 $count_i$ 大于数据块大小与数据块基数之比的键对应的数据流元组拆分为两项,其中一项的数据流元组大小等于数据块大小与数据块基数之比,将其放入数据块中,另一项放入一个新的列表中;然后,将排序列表中剩余键按蛇形排列分配给数据块。最后,再按最佳适应(Best Fit First)算法将新的列表中的键分配给数据块。

该步骤的工程实现逻辑如图 3.2-3 所示,主要由三个独立循环遍历算法构成。具体如下:①遍历上述二叉树 CountTree 的键及其频率信息的有序表 $<k_i,count_i,tupleList_i>$ 和元组计数值 Nc、不同键的计数值 K 作为输入,设置所需数据分区数 P;定义分区大小 $P_{Size}=Nc/P$,分区基数 $P_k=K/P$,分割键的阈值 $S_{Cut}=P_{Size}/P_k$,设置当前分区 b_j 为第一个分区 b_1;②遍历列表中的键,当其 $count_i > S_{Cut}$ 时将 S_{Cut} 个元组放入 b_j 中,同时将剩余部分放入临时列表 R_{List},并更新该键对应的 b_j 所在位置为 $Pos(k)=b_j$;并设置 $b_j = b_{j\%P}$,j 自增 1,然后重复步骤②直到不存在 $count_i > S_{Cut}$;③遍历 List 中剩下的键,遍历分区 b_j 依次放入一个键,遍历完分区后逆转分区顺序,重复步骤③;④遍历 R_{List} 中的键,设 $b=Pos(k)$,如果该键能全部放入 b 中则将键加入 b,否则先将 b 装满,然后将剩余部分装到能容纳它的剩余容量最小的分区中。

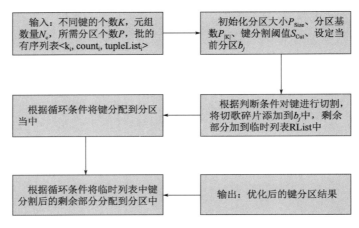

图 3.2-3　平衡负载分区过程

处理阶段分区步骤的逻辑流程如下：在平衡负载批分区步骤中，每个数据块将拥有键是否被分割的信息，用 Map 任务处理数据块，Map 任务利用键被分割的信息来将键簇分配到 Reduce 阶段的 buckets 中；Map 阶段的输出为由键值对组成的簇，每个键簇拥有相同键的所有数据值，键簇 C_k 可被表示为 $C_k = \{(k, v_i) | v_i \in k\}$，$v_i$ 为键 k 所对应的数据值；假设由给定 Map 阶段输出的 K 个键簇需要分配到 r 个 Reduce Buckets 中。Map 任务的输出为 $I = \{C_k | k \in K\}$，为保证 Reduce 阶段的负载平衡，需要保证每个 Reduce Bucket 的分配一致，设置为 BucketSize = $\frac{I}{r}$。处理阶段的分区问题可以简化为装箱问题；将键簇看作是项，Reduce Bucket 为箱。与批分区问题不同，处理阶段的分区问题为可变容量平衡装箱问题，定义如下：给定拥有 M 个项的集合，A 个箱子 $a_1, a_2, \cdots, a_A$，每个箱子容量为 C_i，那么可变容量平衡装箱问题即在满足以下条件的情况下将项分配到不同箱 $a_1, a_2, \cdots, a_A$ 中：①对于任意 $a_j, j \in [1, A]$，都有箱内的元组数小于箱的容量 C_j；②对于任意 $a_j, j \in [1, A]$，都有箱内不同项的个数大于等于 M。

该步骤的工程实现逻辑如下：如图 3.2-2 的整体步骤所示，平衡负载批分区过程的分区结果会进入到 Map 任务中进行处理。进一步地，图 3.2-4 展示了对 Map 任务中间结果进行分配到 Reduce Buckets 中的详细过程。首先，输入信息为 Map 任务得到的键簇 C，经上述步骤得到的数据分区中包含有键是否被分割过的信息，Reduce 阶段所有 Bucket 的集合 R，设置 Bucketsize = $|C|/|R|$，使用 Hash 算法分配被分割过的键，使得键簇中仅剩下未被分割的键，并对其进行降

序排序。然后遍历键簇中的键,按最差适应算法尽可能地将较大键簇分配到第 r 个 Bucket 中,并将第 r 个 Bucket 从 R 中删除。如果 R 中没有 Bucket,则重置 R 为所有 Bucket,继续遍历键簇中的剩余键。

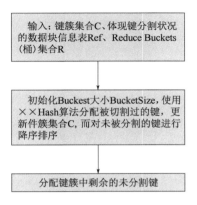

图 3.2-4　处理阶段分区过程

资源动态管理的逻辑流程如下:设定 Map-Reduce 任务处理时间的阈值来改变运行时的并行程度,根据工作负载的变化来增加系统中的 Map-Reduce 任务;当处理时间与两批数据流元组之间的时间间隔之比,在连续几个批次均超过设定阈值时,即触发增加 Map-Reduce 任务。具体过程如下:

在实践中,实际技术方案用 $Stats_d$ 来记录前 d 个批次间的处理时间与批间隔之比,以及数据率和数据分布等状态信息,定义处理时间与批间隔之比为 $W_i = \frac{ProcessingTime_i}{BatchInterval_i}$,每个批都将该比例及数据率和数据分布情况加入 $Stats_d$ 中。设定阈值为 $thres_1$,采用 count 表示 $W_i > thres_1$ 的连续若干个批计数,若出现 $W_i < thres_1$ 则将 count 置零重新计数。当 count 等于 d,即连续 d 个批的 W_i 大于阈值时,若数据率增加则增加相应的 Map 任务,若数据分布增加则增加 Reduce 任务;同样地,设阈值 $thres_2$,当连续 d 个批次 $W_i < thres_2$ 时则根据数据率和数据分布的变化情况减少相应的任务。

3.2.3　状态后端存储技术方案

状态后端存储系统的实现在存储介质上可分为两大类:一类是主要使用磁盘或固态硬盘(Solid-State Disk,SSD)的持久化存储体系,如弹性分布式数据集(Resilient Distributed Datasets,RDD)、基于分布式文件系统(Hadoop Distributed

File System，HDFS）或 RocksDB 数据库实现的状态后端；一类是主要使用动态随机存取存储器（Dynamic Random Access Memory，DRAM）内存或非易失性存储（Non-Volatile Memory，NVM）介质的内存，如 Flink 的内存状态后端和一些提供流计算特性的内存数据库。基于持久化存储介质体系的状态后端通常面向海量数据场景和数据密集型流计算场景，能允许算子存储更大体量的状态数据，并为流计算系统提供更好的容错容灾和故障恢复能力；而基于内存和非易失性存储介质的状态后端则提供更优秀的数据吞吐量和响应延时，是时间敏感型流计算系统和实时计算业务场景的首要选择。为了实现流数据实时计算的工程设计目标，跨海大桥项目所使用的微批流数据处理系统采用内存数据库作为其状态后端存储系统的核心。

开源流数据计算引擎 Flink 通过原生内存管理后端对状态存储进行直接管理，并在单节点内存不足时，就通过缓存替换算法，如最近最少使用（Least Recently Used，LRU）等算法，将内存数据置换到磁盘。这一做法的缺点有：①在数据载荷波动较大引起内存不足时，将会引起单节点的吞吐量和响应延时激增，并可能由于分布式系统的单点落后（One Point Straggler）特性导致整个系统的吞吐量和响应延时增加，甚至于影响可用性；②纯粹的内存管理后端并没有对数据的增删改查进行深度优化，对热点数据的针对性处理和通过索引加速查询和写入操作的针对性优化也略显不足。使用针对上述问题进行深度优化的分布式内存数据库作为微批流数据处理系统的状态后端存储系统，可以一定程度上解决上述问题。

分布式内存数据库系统的构建特性和核心如下：

（1）基于哈希数据分区（Hash Partitioning）的分布式可扩展数据存储架构。分区（Partitioning）是数据库管理系统成本可控地实现可扩展性和容错容灾能力的重要方法。工程实践中，微批流数据处理系统的状态存储主键（Primary Key）为业务键，并可通过滑动窗口槽位（Sliding Window Slot）将范围性的时间查询转化为若干点查询，因此在避免范围查询的短板后，使用基于业务键的哈希分区可以极大地加速分区时间，最大程度上实现数据载荷均衡。

分布式系统的哈希分区需要使用到一致性哈希算法（Consistent Hash Algorithm）。一致性哈希算法应用于分布式系统场景下，能够处理动态添加或删除节点的情况,并在工作节点变化时,通过设计使得尽量多的数据依然能够存储在原有节点,进而达到尽量少的数据迁移(Data Migration)的设计目标,减少网络震荡,提高服务可用性。传统的哈希算法在节点变动时会导致大量的数据迁移,而一致性哈希算法通过将数据映射到一个环形空间中,使得数据的存储位置更加均匀,减少了数据迁移的开销。此外,一致性哈希算法还具有较好的负载均衡能力,能够将数据分布到更多的节点上,提高系统的吞吐量。

Maglev 是 Google 自 2008 年起服役的网络流量均衡器,它提供了 Maglev 一致性哈希算法。Maglev 一致性哈希的思路主要流程是建表和查表:建立一个槽位的查找表(Lookup Table),对输入数据做哈希再取余,即可映射到表中一个逻辑槽位,而逻辑槽位则可以通过多对一重复的方式对应到物理槽位。图 3.2-5 展示了 Maglev 的设计思路,其中查找表里面记录了一个槽位序列,查找表的长度为 M,当输入一个键时,映射到目标的逻辑槽位的过程就是 entry[hash(k)%M],在图中对应的物理槽位就是哈希桶 0。

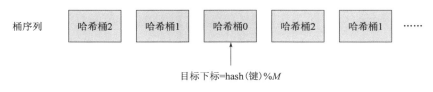

图 3.2-5 查找表使用

进一步地,Maglev 算法的关键在于查找表的构建和查询。其建表过程如下:先新建一个大小为 M 的待填充的空桶序列,为每个槽位生成一个大小为 M 的逻辑序列 permutation,被称为偏好序列(Preference Permutation)。然后,按照偏好序列中数字的顺序,为每个槽位轮流填充查找表。此后,将偏好序列中的数字当作查找表中的目标位置,把槽位标号填充到目标位置。而如果填充的目标位置已经被占用,则顺延该序列的下一个赋值。

偏好序列则通过二次哈希生成,使用了两个独立无关的哈希函数来减少映射结果的碰撞次数,提高随机性。取两个无关的哈希函数 h_1 和 h_2,假设一个槽位的名字是 b,先用这两个哈希函数算出一个 offset 和 skip:

$$\text{offset} = h_1(b) \% M \qquad (3.2\text{-}1)$$

$$\text{skip} = h_2(b) \% (M-1) + 1 \qquad (3.2\text{-}2)$$

然后,对于每一个逻辑槽位 j,计算出 permutation 中的所有数字,即为槽位 b

生成了一个偏好序列：

$$\text{permutation}[j] = (\text{offset} + j \times \text{skip}) \% M \qquad (3.2\text{-}3)$$

依据上述动态分区算法，就可以针对数据库节点数量、节点存储能力、节点算力和数据冗余度需求等因素配置内存数据库集群的副本数量和数据存储上限。能够良好运行的内存数据库集群相较于反复对内存区块（Memory Segment）进行连接（Join）和排序（Sort）的原生内存后端能获得极大提升。

（2）通过重做避免（Avoid-Redo）算法进行热点数据预分区，进而大幅提升热点数据写入效率。微批流数据计算系统所面临的一个重要挑战就是如何针对热点数据进行优化。热点数据即一个时段内写入/读取操作显著高于其他数据项水平的数据，而根据齐普夫定律（Zipf's Law），这样的热点数据在以业务键为主键的流数据计算系统中无可避免，甚至十分普遍，因此需要对其做出针对性优化，否则就会因为大量写入失败产生大量数据库重做（Redo）操作，进而严重影响执行效率。

如图 3.2-6 所示的技术示意图提供了一种可规避重做的热点数据处理方法。在通过多线程并行执行写入操作下，将有多个写入批次应用到数据库，数据库服务端应可对热点数据的写操作进行处理以减少写入冲突，提升吞吐量和响应速率。写入请求批次的写入请求被按照一定的规则分配到对应的等待队列中，这个规则能够确保对于一个主键值的写入操作会被分配到唯一一个等待队列。分配完成后，写入请求批次将创建初始值等于其写入请求被分配入的等待队列数量的条件变量（Condition Variable），在所有写操作被分配完成后，向所有被分配该写入批次的等待队列中加入该批次的条件变量，并在完成后调用 await 方法等待条件变量的通知，即等待同步写入完成。处理等待队列的工作线程将对队列中的写入操作进行集中处理，在处理掉条件变量时，就调用其 CountDown 方法。当写入请求批次插入等待队列中的所有条件变量都被调用 CountDown 后，await 方法就能返回。此外，可以对等待队列中的写操作进行写压缩（Write Compression），进一步减少与状态后端的交互数据量，提升流数据处理系统的吞吐量，降低响应延时。

（3）通过构建谓词索引（Predicate Index）加速查询和写入操作。谓词索引是一种针对谓词逻辑表达式的查询进行优化的数据库索引技术。它可用于在一个集合或者表中找到满足某个谓词条件的记录，在数据库查询优化中起着重要作用。常用的谓词索引包括对数据项的主键值以及简单的数据值进行正则表达式匹配、长度计算、过滤、循环冗余校验（Cyclic Redundancy Check，CRC）等计算操作，对这些数据进行缓存形成的谓词索引能够极大提高查询效率和吞吐量，减少查询时间。FishStore 提出构建 <谓词,值> 二元组以高效存储谓词索引。

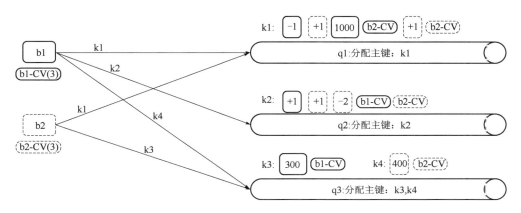

图 3.2-6　可规避重做的热点数据预分区方法

如图 3.2-7 所示，谓词索引的构建和使用流程如下：①确定指定数据规模的谓词，构建谓词索引块（Predicate Index Block）；②对于有修改的数据记录和新增的数据记录，用谓词方法计算出对应的值，并以 <谓词,值> 二元组为哈希表的键，以实际数据记录作为哈希表的值，构建出谓词索引表。对于一个二元组对应了多个值的情况，哈希表对应的值则将修改为数据记录地址的链表。③当需要使用谓词索引进行匹配时，将需求的谓词索引和计算值重建为二元组，就能通过谓词索引哈希表找到对应数据记录的实际地址，进而可以操作数据记录或进行进一步计算。

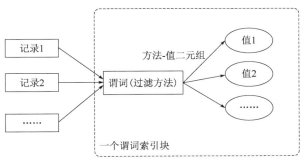

图 3.2-7　谓词索引

（4）使用基于轻量化异步快照的容错和故障恢复机制。分布式快照是分布式系统中提供容错和故障恢复机制的重要实现方法。轻量化异步快照由Chandy-Lamport算法改进而来，后者能获得显著减少的容错和故障恢复机制的用时冗余（Overhead），并能获得近似的效果。

轻量化异步快照的构建流程如图3.2-8所示。首先协调者周期性发送标记符（Marker）以让工作节点周期性创建快照，对于每一个节点，在接收到标记符并校验其版本后，每个节点都会做如下的动作：①发起异步创建快照任务，并在这一任务完成后执行反馈协调者的回调动作；②在发起异步创建快照任务后，暂停工作节点对当前状态数据和输出的写入，并将所有的输入存储在与源节点一一对应的缓存区中，直至完成创建快照任务并反馈协调者后再恢复数据处理；③向下游传播标记符；如此每个节点依次执行上述步骤，协调者最终能够获取到整个流计算节点有向无环图（Directed Acyclic Graph，DAG）的快照完成反馈，此时协调者记录这一快照的数据位置，并将其设为安全点（Safe Point）。

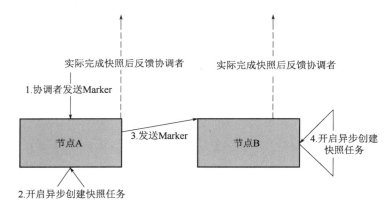

图3.2-8　轻量化异步快照

流计算系统的故障恢复流程如下：当一个计算节点出现故障后，其所写出的持久化存储的快照可以在自身恢复服务后被读取，或被接管其功能的其他算子所读取。在它重新恢复运作、或同一个逻辑算子的其他分区算子（Partition Operator）需要接管这一算子的计算进度时，就可以从安全点处读取并重建状态后端，再从这一数据位置向上游申请重放，即可完成一次故障恢复流程。

3.2.4　总结

动态分区技术方案通过频率感知缓冲技术来使得批分区前准备工作所需时

间最小化,遍历平衡二叉树可以得到一个键及其频率相关信息的有序列表,减少了处理阶段的排序时间。在批分区阶段通过将问题抽象为经典装箱问题,限制了键的碎片化程度,使数据块之间的基数差异最小化,并保持各数据块大小相等,实现了对数据分区的负载平衡。在处理阶段把问题抽象为可变容量装箱问题,同时使用最差适应算法来分配键簇,保证了 Map 任务间的负载平衡。最后,采用动态资源管理技术实现负载动态调整。综上,这一技术方案通过启发式的方法来对 Map-Reduce 任务中的输入数据进行分区,并采用动态资源管理来调整运行时的并行程度,使得该方法对数据分布和到达率的波动具有鲁棒性,并可以在不增加延迟的情况下大幅提高数据处理吞吐量。

状态后端存储系统采用了内存数据库集群作为存储引擎,并通过引入基于哈希数据分区的分布式可扩展数据存储架构来扩展数据存储可扩展性并提供更均衡的数据访问,通过进行重做避免算法进行热点数据预分区来对热点数据读写操作进行针对性优化,通过构建谓词索引加速查询和写入操作,通过使用基于轻量化异步快照的容错和故障恢复机制来实现快速数据故障恢复与容错机制。

3.3 模型实时评估与修复技术

3.3.1 背景和现状

深度神经网络(Deep Neural Network,DNN)由于其卓越的性能,在众多领域得到了广泛应用,例如面部识别、情感分析和恶意软件检测。此外,它们也越来越多地应用于安全至上的系统中,如医疗诊断、自动驾驶汽车和无人机的防撞系统(Airborne Collision Avoidance System For Unmanned Aircraft,ACAS Xu),这突显了 DNN 的安全性和可靠性的重要性。然而,众所周知,DNN 容易受到如对抗性扰动之类的攻击的影响。也就是说,输入的轻微扰动可能会导致 DNN 做出意外和错误的决策。更糟糕的是,由于 DNN 的"黑箱"特性,修复这些错误行为变得极其困难。

确保 DNN 的行为正确的现有工作大致分为三类。

一种是 DNN 的静态验证方法,包括具有单纯形的整流线性单元(Rectified Linear Unit with Simplex,Reluplex)、混合整数线性规划验证程序(Mixed-integer Linear Programming Verifier,MILPVerifier)和深度多边形分析工具(DeepPoly)等工作。这些工作侧重于静态地验证特定的关键特性,例如可达性条件或局部鲁棒性。目的是在满足关键特性的同时提供对正确性的保证。

第二种是关于 DNN 的测试方法。受传统软件测试的启发,这一研究方向通过测试来检测 DNN 的错误行为,如深度探索(DeepXplore)、整流线性单元差异分析(ReluDiff)和深度基尼系数(DeepGini)。

然而,这两类工作都没有回答一个自然的问题:如果 DNN 没有被验证成功,接下来应该采取什么措施?虽然通常可以通过构造一个反例,然后在程序验证的设置中修复"bug",但如何使用验证结果来改进 DNN 比这要复杂得多。值得注意的是,由于高昂的时间成本和计算成本,简单地丢弃有问题的 DNN 并从头开始训练一个新的并不可行。更糟糕的是,没有人可以保证新训练的神经网络是安全的。

第三组工作侧重于通过修复 DNN 来改进它们。一种想法是使用攻击工具生成对抗样本来重新训练目标模型。尽管重新训练的模型通常在对抗性扰动方面的鲁棒性有所改进,但它们不能保证重新训练的模型是正确的。实际上,这样重新训练的模型往往会受到进一步的自适应对抗性攻击。

关于修复 DNN 的另一种工作方法是,给定一个 DNN,修改对某些特定行为有贡献的神经元的权重。例如,阿拉克涅(Arachne)通过一个适应性函数修改某些神经元的权重,以消除由某些输入引起的错误行为。然而,Arachne 同样不能保证修复后模型的正确性。Goldberger 等人提出了一种基于验证的方法,修改输出层的神经权重,使得 DNN 满足给定的特性。与之前的修复方法不同,这种方法基于验证技术对修复后模型的正确性提供了正式的保证。然而,这种方法的修复仅限于输出层,这已被证明在处理为诸如 ACAS Xu 这样的实际安全关键系统训练的 DNN 时能力有限。此外,他们的方法仅限于纠正 DNN 对一个具体输入的行为,但是可能有很多这样的输入,因此他们的方法用途十分有限。

如何修复 DNN 使其始终相对于一个目标特性表达正确这个研究问题,既十分有用,同时在技术上极具挑战性。该问题的现有方法可以大致分为三组。第一种是网络修补,它使用辅助分类器来估计是否应该应用补丁。第二种是对抗性再训练,它首先识别或合成一组导致意外行为的输入,然后使用这些输入重新训练或微调神经网络。此类别中的技术主要集中在如何有效地生成样本以进行 DNN 修复。例如,Ren 等人提出了一种名为少命中引导混合(Few-Shot Guided Mix,FSGMix)的方法,在故障示例的指导下对训练数据进行扩充。最后一类是直接修改神经元权重的方法。此类别中的方法与前两类在两个方面有所不同,即选择需要修改的权重以及需要计算新权重的神经元。Arachne 识别被认为与指定错误行为相关的权重,然后使用粒子群优化算法(Particle Swarm Optimization,PSO)为这些选定权重生成一个补丁。而 Goldberger 等人直接选择连接到输出层的权重,并通过解决验证问题来计算新权重。

　　本书使用的是一种新的基于验证的 DNN 修复方法。DNN 验证的许多技术会将非线性激活函数近似为线性约束,以促进约束求解,如基于混合整数规划的 MILPVerify。另一些技术通过分析逐层可达性来验证目标网络,如基于抽象解释的 DeepPoly 以及基于符号区间分析和线性松弛计算每个神经元输出的边界的 Neurify。基于可满足模理论(Satisfiability Modulo Theories,SMT)的技术也被广泛用于验证 DNN。一个经典的基于 SMT 的验证深度神经网络的验证器是 Reluplex。另一种流行的基于 SMT 的验证深度神经网络的工作是 Marabou,它通过将查询转换为约束可满足性问题来回答有关用户提供的特性的查询。与上述验证技术不同,本书专注于修复 DNN。

　　本书使用的基于验证的 DNN 修复方法的目标是修复一个 DNN,以确保它满足用户提供的特性。与 Goldberger 等人的方法不同,这个方法不仅限于修改输出层,因为仅修改输出层通常为时已晚。相反,本方法建议通过验证结果的指导,识别和修改最相关的神经元,以满足所需的特性。该方法进一步结合抽象细化技术来最小化修改,以使得修改仅仅对应于无法验证正确性的输入空间区间。

　　在该方法中包含如下技术:

　　(1)使用一个有效且高效的基于验证的框架来修复 DNN。与现有方法不同的是,修复后的 DNN 保证满足安全特性。

　　(2)通过优化算法,基于调整对违反特性最"负责"的神经元的权重来修复 DNN。

(3)使用一个自包含的工具包,用于修复DNN。

3.3.2 背景技术

1)深度神经网络

在这项工作中,主要关注用于各种分类任务的前馈神经网络(Feedforward Neural Network,FNN)。理论上,只要这些前馈神经网络的静态验证技术可用,则表明该方法可以扩展到支持其他类型的DNN上。FNN由输入层、多个隐藏层和输出层组成。设 N 是一个FNN。这里表示为式(3.3-1)。

$$N = f_0^\circ f_1^\circ \cdots f_l^\circ \tag{3.3-1}$$

其中 f_0 是输入层,f_l 是输出层,中间的 $f_i(i \in [1, l-1])$ 是隐藏层。N 可以看作是一个函数 $N: X \to Y$,它将输入 $x \in X$ 映射到标签 $c \in Y$。给定一个输入 $x \in X$,对于每个层 f,它按式(3.3-2)和式(3.3-3)的方式计算输出。

$$f_0 = x \tag{3.3-2}$$

$$f_i = \sigma(W^i f_{i-1} + B_i) \tag{3.3-3}$$

其中 W_i 和 B_i 分别是第 i 层神经元的权重和偏差,σ 是激活函数,例如maxout、整流线性单元(Rectified Linear Unit,ReLU)和双曲正切函数(hyperbolic tangent function,tanh)。在这项工作中,使用的激活函数主要是ReLU,它可以将任何负输入隐藏为零并保持正输入不变。请注意,这里我们使用 f 来表示神经元的层或层 f 的输出,具体取决于上下文。预测标签 c 是从最后一层 f_l 的输出向量经过式(3.3-4)变换获得的,其中 f_l^i 表示输出 f_l 中的第 i 个值。

$$c = \mathrm{argmax}(f_l^i) \tag{3.3-4}$$

2)神经网络的性质和验证

验证神经网络的问题是提供关于给定网络是否满足某个关键特性的正式保证。有各种各样的解决不同问题的特性。在这项工作中,关注基于输入命题 ϕ 和输出命题 ω 定义的一类可达性特性。表3.3-1举例说明了ACAS Xu模型的一个特性,该特性描述了如果入侵飞机距离远且速度明显慢于自有飞机,则"有冲突"的建议的得分不应该是最大得分。注意,ACAS Xu模型发布分数最小的导航建议。形式上,验证神经网络的问题是检查式(3.3-5)的断言是否成立。

$$\forall x \vDash \varphi, N(x) \vDash \omega \tag{3.3-5}$$

可达性特性示例　　　　　　　　表3.3-1

名称	参数
输入	$x = [x_1, x_2, x_3, x_4, x_5]$
输出	$y = [y_1, y_2, y_3, y_4, y_5]$
输入命题	$x_1 \geq 55947.691, x_4 \geq 55947.691$ 且 $x_5 \leq 60$
输出命题	y_1 不是最大得分值

直观地说,特性表明,如果输入满足一定的约束 φ,神经网络输出必须满足 ω。验证算法可能会产生三个结果:一是验证该特性;一种是违反特性并生成反例,即一个输入 x 使得 $\forall x \vDash \varphi \wedge N(x) \vDash \omega$;最后一个是,由于现有验证技术的限制,该算法无法验证或伪造特性。例如,超时或输出"未知"结果。

在许多现有的神经网络验证工具包中,本书选择了 DeepPoly。DeepPoly 是目前最先进的神经网络验证器。使用 DeepPoly 进行验证包括两个步骤。首先,它采用抽象解释逼近每一层的可达集,从输入层的 φ 开始。通过逐层传播,DeepPoly 为每个类维护可达集的抽象表示。然后,基于每个标签输出的近似值,DeepPoly 检查是否满足 ω。设 $\varphi = (1, u)$ 是输入约束,其中 1 和 u 分别是输入的下限和上限,然后将 DeepPoly 的第一步形式化如式(3.3-6)。

$$\mathcal{A}(N, \varphi) = \{(a_1^{\leq}, a_1^{\geq}), \cdots, (a_k^{\leq}, a_k^{\geq})\} \tag{3.3-6}$$

其中 $a_i^{\leq}$ 和 $a_i^{\geq}$ 是标签 i 的抽象域的下界和上限。在第二步中,DeepPoly 检查式(3.3-6)是否满足 ω。例如,如果 ω 要求分配给标签 i 的分数在任何输入 $x \in \varphi$ 的所有标签中始终最大,那么 DeepPoly 需要检查标签 i 的下限是否大于任何其他标签的上限。如果是这种情况,则成功验证该特性;否则,DeepPoly 报告验证失败。

3.3.3　技术方案

本节将详细介绍基于验证的 DNN 修复方法。该方法目标是修复神经网络,从而保证满足用户提供的特性,总体思路是识别特性未验证的最小输入区域集,然后调整"最"负责违反区域特性的神经元的权重,从而满足特性。在下文中,首先定义修复问题,然后展示该方法的整体工作流程,最后介绍该方法解决方案的细节。

1) 问题定义

现在定义待解决的修复问题如下。

定义1：设 N 表示神经网络；设 φ 表示输入约束，设 ω 表示输出约束。假设 φ 由一组不相交的输入分区组成：$\varphi=\{\varphi_1,\varphi_2,\cdots,\varphi_n\}$，即输入空间的分区。并且给定的神经网络 N 在某些输入分区中违反了输出约束 ω。定义待解决的修复问题是为每个出现错误的输入分区 φ' 找到一个神经网络 $\widehat{N}$，使得式(3.3-7)成立。

$$\forall x \vDash \varphi', \widehat{N}(x) \vDash \omega \tag{3.3-7}$$

根据定义1，该方法将会返回一组修复后的模型，其中每个模型都与"违反"某个特性的特定输入子区间 φ' 一一对应。当使用特定输入子区间 φ' 作为输入时，对应的神经网络 $\widehat{N}$ 将不会违反输出约束。也就是说，当使用返回的模型来预测时，需要首先定位输入样本所属的子区间，然后使用相应的神经网络模型 $\widehat{N}$ 进行预测。算法1显示了如何使用修复的模型 φ'，其中 x_i 是输入样本，N 是原始模型，R 是 N 的修复模型集。因为该方法专注于可达性特性，也就是说，给定任何来自某个输入区间的输入，只要满足输出约束，修复后的模型返回任何输出都是可以接受的，即使输出与原始模型返回的输出不同。

算法1：$repaire\_predict(x,N,R)$	
1	for $i==1$ to $size(R)$ do
2	设 $\widehat{N}$ 是 R 中第 i 个已修复的模型；
3	设 $\widehat{\varphi}$ 是模型 $\widehat{N}$ 对应的输入区间；
4	如果 $x\in\widehat{\varphi}$ 那么
5	返回 $\widehat{N}(x)$；
6	返回 $N(x)$

值得一提的是，与构建对应所有输入区间的修复模型相比，这种修复神经网络的方法有着更大的灵活性。首先，经过充分训练和测试的神经网络在大多数的输入区间中往往可以表达正确，因此应该尽量避免改动神经网络处理这些输入区域的部分。其次，由于该方法中不同区间的修复方式可以不同，因此可以利用特定区域的特征来辅助修复。此外，需要注意到该方法的修复并不是Goldberger等人提出的DNN最小修改问题。更具体地说，因为该方法提出的修复是面向特性的，该方法并没有在修复过程中放置任何"质量"约束，例如已修复网

络和错误网络之间的最小距离等。也就是说,假设特性是至关重要且必须满足的,例如无人驾驶飞机的碰撞避免,如果修复的模型可以满足给定的特性,不管做了多少修改,都可以认定修复是成功的。有人可能会担心,在没有对修复网络进行"质量"约束的情况下,该方法有可能返回已修复但行为与原始网络有很大不同的新网络。下文会阐述如何解决这个问题。

2)整体工作流程

图 3.3-1 展示了该方法的整体工作流程。有两个主要部分,即网络验证和网络修复。给定一个网络 N 和一个用户提供的安全特性 φ,该方法首先使用静态验证器检查网络 N 是否满足安全特性 φ。如果安全特性验证失败,并且未满足终止条件,例如超时,此时识别一个反例。之后,该方法首先计算相对于反例的违规损失的每个神经元的梯度,然后根据梯度的大小选择对违规最"负责"的神经元。直观地说,梯度的大小衡量神经元对 DNN 预测结果的贡献。因此,网络输出相对于神经元的梯度可以被视为神经元对违反特性的贡献的度量。然后,需要调整所选神经元的权重,并获得一个修改过的模型 $\hat{N}$。迭代地,该方法将 $\hat{N}$ 作为新的输入模型,并重复上述过程,直到网络被验证或满足终止条件。

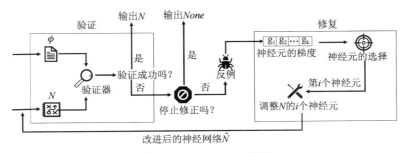

图 3.3-1 NREPAIR 框架

注:给定特性 φ 和网络 N,NREPAIR 首先检查 N 是否满足 φ。如果不满足,NREPAIR 然后在一个反例的指导下执行修复。

该方法的整体流程的算法如算法 2 所示,该算法将原始模型 N、输入约束 φ、输出约束 ω、允许修改神经元数量的边界值 α、允许修改单个神经元的最大次数 β 和步长 η 作为输入。首先使用验证器根据特性验证神经网络 N。如果满足特性,无须任何修改即可返回神经网络 N。否则,检查是否可以进一步划分输入区间 φ。虽然理论上,总是可以继续划分输入区间,但在实践中,现有的验证器通常对输入约束的形式有限制,例如受到 DeepPoly 中某些进一步限制的范围约束。因此,并不总是可以继续对输入区间进行分区。如果可以继续对输入区间分区,就将 φ 划分为两个不重叠的输入约束 φ_1 和 φ_2,并分别为每个输入分区修复 N。在算法的第 8 行,根据修复的神经网络结果 $\hat{N}_1$ 和 $\hat{N}_1$ 组装成一个神经网络。这种组装是通过添加门控单元来实现的。门控单元的作用是:如果输入满足输入约束 φ_1,则将输入传递给神经网络 $\hat{N}_1$;否则传递给神经网络 $\hat{N}_2$。一种简单通用的又高效的分区策略是二分法,也就是将输入区间分成两个大小相等的范围。如果 φ 不能被进一步划分,则生成一个反例 ct,然后调用算法 3 来修复 N。

算法 2:overall($N,\varphi,\omega,\alpha,\beta,\eta$)	
1	用验证器验证 N;
2	如果 验证 N 成功 那么
3	返回 N;
4	如果 φ 可以继续被分区 那么
5	划分 φ 为 φ_1 和 φ_2;
6	设 $\hat{N}_1$ 被赋值为函数 overall($N,\varphi_1,\omega,\alpha,\beta,\eta$) 的返回值;
7	设 $\hat{N}_2$ 被赋值为函数 overall($N,\varphi_2,\omega,\alpha,\beta,\eta$) 的返回值;
8	返回 $\hat{N}_1$ 和 $\hat{N}_2$ 的组合;
9	除此之外
10	如果 产生了一个反例 ct 那么
11	返回 函数 repair($N,\varphi,\omega,ct,\alpha,\beta,\eta$) 的返回值

3) 从验证到优化

给定一个违反特性的特定输入区域,即 φ,算法 3 旨在通过调整相关神经元的权重来修复神经网络。接下来的问题是:决定调整哪些神经元使得神经元网络通过调整最小神经元集达到修复目标,以及如何调整神经元来修复神经网络。解决这些问题的答案是解决优化问题。也就是说,给定特性 ω 和反例 ct,该方法定义一个损失函数,然后通过修改神经元的输出来最小化 ct 的违反损失。形式上,这个过程如式(3.3-8)所示。

$$\min_{N} \text{loss}(ct,\hat{N}) \tag{3.3-8}$$

其中 $\hat{N}$ 是满足特性 ω 的修复后的神经网络模型。为了减少搜索空间,限制神经网络$\widehat{N}$使得$\widehat{N}$和原本的神经网络N具有相同的结构和权重,只是在修复后的神经网络$\widehat{N}$中一些神经元具有恒定的激活值。请注意,上述损失函数是基于单个反例定义的。也就是说,单个反例足以指导神经网络的修复。很自然地想到,经过几轮输入分区后,通常每次最终修复的会是输入的一个小区域。在这样的小区域内,反例彼此之间是非常相似的,因此,一旦修复一个反例,其他反例也往往被修复了。在此方法相关的实验中证明了这一点。

算法3:repair($N,\varphi,\omega,ct,\alpha,\beta,\eta$)	
1	设Y是一个记录了每个神经元被修改次数的字典,它被初始化为空;
2	while size(Y)<α 或 超时 do
3	$G\leftarrow$计算每个神经元关于ct和损失函数的梯度;
4	设o是调用select_neuron(G,Y,β)返回的神经元;
5	如果 o是空值 那么
6	返回 空值;
7	设∇是神经元o的梯度,ζ是o关于ct的输出;
8	通过设置o的输出为$\zeta-\eta\cdot\nabla$来修改神经网络N;
9	如果 $N(ct)\models\omega$且N满足特性 那么
10	返回 N;
11	如果 o不在Y内 那么
12	$Y[o]=1$;
13	除此之外
14	$Y[o]=Y[o]+1$;
15	返回 空值

设计损失函数$\text{loss}(ct,\widehat{N})$的关键是输入$ct$的损失应该能够衡量反例$ct$不满足特性$\omega$的程度。一般的想法是调整现有的已建立的损失函数,例如分类任务的交叉熵损失和回归任务的均方误差。该方法专注于分类任务,因此损失函数的一般形式如式(3.3-9)所示。

$$\text{loss}(ct,\widehat{N})=\sum_{i\in S}\frac{\text{sign}(i)\cdot\exp(y_i)}{\sum_{i\in L}\exp(y_i)} \quad (3.3\text{-}9)$$

其中$S\subseteq L$是输出约束,即ω指定的所需的标签集合,L是分类中所有标签的集合;$y_i(i\in L)$是给定反例ct和神经网络$\widehat{N}$对于标签$i(i\in S)$的得分值;对于标

签 $i(i \in S)$，$\text{sign}(i)$ 定义如式(3.3-10)所示。

$$\text{sign}(i) = \begin{cases} 1, & \text{如果标签 } i \text{ 的得分应该更小} \\ -1, & \text{其他情况} \end{cases} \quad (3.3\text{-}10)$$

直观地说，$\text{sign}(i)$ 对于不希望的标签为 1，其他标签为 -1。因此，这个想法是使用损失值作为搜索修复的神经网络 $\widehat{N}$ 的指导方针，使得神经网络 $\widehat{N}$ 产生所需的输出，即满足条件 $\widehat{N}(ct) = \omega$。

例如，根据表 3.3-1 所示的特性，输出约束要求第一个标签的分数不是最大值。令 $L = \{a,b,c,d,e\}$ 是输出的相应标签，即 a 是对应于输出的第一个维度的第一个标签。然后我们有 $S = \{a\}$，根据式(3.3-10)可以得出 $\text{sign}(a) = 1$。因此，损失函数定义如式(3.3-11)所示。

$$\text{loss} = \frac{\exp(y_i)}{\sum_{i \in \{a,b,c,d,e\}} \exp(y_i)} \quad (3.3\text{-}11)$$

4）解决优化问题

式(3.3-8)定义的优化问题的理想解决方案是为原始网络 N 的每个学习参数找到一个修改方式，使得 ct 的违规损失是全局最小值。然而，这非常困难，因为优化问题是高度非凸的，并且涉及大量的变量。例如，在式(3.3-9)定义的损失函数中，假设 N 共有 n 层，根据式(3.3-3)，y_i 是从第 n 层 $f_n(ct)$ 的输出中获得的，也就是 $\sigma[(W^n + V_w^n)f_{n-1}(ct) + (B^n + V_b^n)]$，其中 V_w^n 和 V_b^n 是组织为矩阵的变量，表示第 n 层的权值和偏差的修改量。因此，可以观察到式(3.3-9)的损失函数是高度非线性的，因为 y_i 的计算涉及非线性激活函数 σ，并且 y_i 与权重和偏差具有相同的变量数量。

考虑到搜索全局最优解是难以处理的，因此转而通过采用贪心策略也就是基于梯度的方法为式(3.3-8)定义的优化问题找到一个"足够好"的局部最小值。算法 3 显示了神经网络如何修复的细节。首先在第 1 行初始化一个空字典 Y 来记录哪些神经元已被修改以及被修改的次数。从第 2 行到第 14 行，迭代地修改神经网络 N 的神经元。

在每次迭代中，首先计算每个神经元相对于 ct 的梯度和损失函数的值，如式(3.3-9)。然后，通过在第 4 行调用算法 4 来选择对损失最"负责"的神经元。当识别神经元时，在第 7 行计算关于 ct 的梯度和输出。然后在第 8 行根据梯度微调神经元的输出以修改神经元。也就是说,就像随机梯度下降的情况一样,将神经元的输出更改为其梯度的相反方向来减少"违规"损失。请注意,为了提高效率,该方法调整神经元的输出而不是它的权重来修复神经网络。在微调神经元的输出后,在第 9 行使用静态验证器检查修改后的模型是否被修复成功,即修改后的神经网络 N 在特定的输入区间内是否满足对应特性。需要注意的是,第 9 行首先检查是否消除了反例,这在逻辑上是多余的,但在实践中,它是一种有效的健全性检查,有助于减少验证器调用的次数。一旦修复成功,算法在第 10 行返回修复后的模型。从第 11 行到第 14 行,算法记录所选神经元 o 上的修改次数。具体来说,该算法首先检查 o 是否已在第 11 行修改。如果不是,则在 Y 中记录神经元 o,并在第 12 行将其修改次数初始化为 1。否则,在第 14 行将所选神经元 o 上的修改次数的记录增加 1。

算法 4:select neuron(G, Y, β)	
1	Γ←根据神经元的梯度 G 降序排列所有神经元;
2	for Γ 中每个神经元 o do
3	如果 $Y[o] < \beta$ 那么
4	返回 空值;
5	返回 空值

请注意,当执行多个修复时,也就是第 2 行到第 14 行的循环多次执行时,靠后的修复通常不会撤销较早的修复。这里存有两种情况:在第一种情况下,修复是针对输入的不相交区域,因此修复根据定义彼此独立。在第二种情况下,如果在同一个输入区域发生多个修复,由于算法会从区域取一个反例,并在每个修复过程中根据式(3.3-8)求解优化,损失通常会在优化每个修复以及跨不同修复的过程中减少。

当满足三个条件之一时,算法 3 终止:①到达在第 2 行允许修改的神经元阈值;②第 5 行没有返回合格的神经元或超时;③模型在第 9 行成功修复。算法 3 要么返回一个修复模型,在第 10 行保证满足特性,要么在第 6 行或在第 15 行修复失败时返回空值。

算法 4 显示了如何选择神经元的详细信息。在算法 4 中,首先根据神经元的梯度对神经网络 N 的所有神经元进行排序。直观地说,神经元梯度的大小越大,修改相应神经元更有可能修复模型。请注意,神经元可以多次选择。因为单个神经元对损失的影响有限,为了避免优化陷入优化单个神经元的场景,在第3行算法将单个神经元可以被选择的次数限制为不超过 β 次。

贪心策略并不能保证修改后的神经元的数量总是最小的。本技术使用的优化方法来源于标准的梯度下降法,可能存在局部最优问题。但总体而言,由于DeepPoly依赖于抽象解释技术,这种优化方法还是相当有效的。

3.3.4 总结

深度神经网络性能优越,有着广泛的应用,特别是最近深度神经网络已经进入一些关键的需要万无一失的系统中,例如无人机机载防撞系统、自动驾驶、人脸识别等领域。因此深度神经网络的安全性和可靠性愈发重要。由于深度神经网络比较容易收到对抗性扰动之类的攻击影响,深度神经网络再被攻击后可能会做出意外和错误的决策。因此提出修复深度神经网络错误行为的方法迫在眉睫。

此前的一些技术,如Reluplex、MIPVerify和Deeopoly等,希望通过静态验证检测深度神经网络的错误行为;另一些技术,如DeepXplore、ReluDiff和DeepGini等,希望通过测试来检测深度神经网络的错误行为。这些技术都没有给出修复深度神经网络行为的办法,但他们给出了检测深度神经网络的错误行为的方法,为错误行为的修复打下基础。

目前已有深度神经网络修复的相关工作,例如使用攻击工具生成对抗样本来重新训练目标模型和修改对给定DNN某些特定行为有贡献的神经元的权重。但重新训练的模型还会被攻击,而且重训练的开销也相当大,针对特定行为的修改用途也有限。

在前述工作的基础上,本技术提出了一种基于现有验证技术修复DNN的方法。该方法目标是修复神经网络,从而保证满足用户提供的特性,总体思路是识别出特性未验证的最小输入区域集,然后调整"最"对违反特性负责的神经元的权重,从而满足用户对原始神经网络所提供的特性。该方法选择性地修改少量神经元的激活权重,从而保证所得模型满足该特性。为了确定与违反特性最相关的神经元,该方法通过定义一个损失函数将问题简化为优化问题,然后根据每个神经元的损失梯度选择相关神经元。

3.4 流数据异常检测技术

在当今大数据时代,数据量呈现出爆炸式增长,数据驱动的业务系统变得越来越复杂。流数据作为一种实时数据处理技术,由于数据量大、来源多样、实时性要求高等特点,难免会出现异常情况,尤其是由于物联网的普及和数字双胞胎的出现,传感器生成的数据流在许多应用中大量存在,因此从数据流中实时检测异常值这个问题变得越来越重要。在桥梁健康监测系统中,为了实时监测桥梁的健康状况,大量的传感器装置和超高频的数据传输使得需要采集和处理的数据呈指数级地增长,从而极大地增加了异常检测时间复杂度和所需计算资源,同时也增加了准确检测出异常点的难度。在本节中主要讨论跳过平稳区域的流数据异常检测技术。

3.4.1 背景和现状

随着大数据技术的日益成熟,异常检测已经在金融反欺诈、医疗诊断、网络安全检测、工业健康监测系统等不同领域中得到了广泛运用。目前,流数据异常检测主要采用滑动窗口的思想,只对当前窗口中的数据进行检测,这样可以极大地减少计算量。然而,为了保证一定的准确率,单个窗口中的数据量依旧十分庞大。基于密度的异常检测算法在窗口切换过程中,需要对窗口内所有数据点的密度进行更新,最坏的时间复杂度高达 $O(n^2)$,其中 n 为数据点个数。这不仅需要大量的计算资源,还会影响异常检测的时效性,导致错过采取措施应对风险的最佳时机。因此,为确保桥梁健康监测系统能及时准确地识别出异常数据,以便于相关专业人员采取措施、应对风险,维持桥梁的健康安全,提出一种具有高准确率和高时效性的流数据异常检测算法具有重要的现实意义。

实时检测数据流中的异常值是一个备受关注的重要问题,特别是在物联网的普及和数字双胞胎的出现之后。其解决方案在许多应用中都被广泛需要,例如,网络流量流的入侵检测、可穿戴传感器流的跌倒检测以及心电图(Electrccardiogram,ECG)流的异常心跳检测。

在数据流处理中,由于数据流本质上是无边界的,因此在连续异常值检测中,使用滑动窗口仅考虑最近的数据点是一种常见的做法。随着窗口的滑动,新的数据点被添加到窗口中,旧的数据点从窗口中过期,任何与该窗口中其他数据点明显不同的数据点都被标记为异常值。这种方法利用了真实数据流中的一个重要特性,即数据点在数据空间中倾斜到多个局部区域,并且在一定的时间内,这些区域中的数据分布几乎是稳定的(即变化不显著),从而为异常值检测节省大量工作。这种观察在窗口流处理中更为明显,因为窗口通常以窗口大小的一小部分滑动,因此,如图3.4-1所示,窗口幻灯片中过期或新的数据点对整个窗口中的数据分布影响有限。

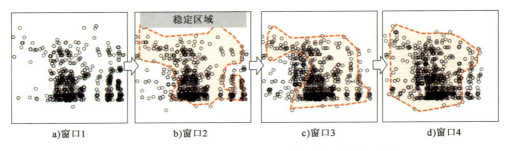

图 3.4-1　HTTP 数据集的二维子空间的示例数据分布

由于数据点通常偏向数据空间中的局部区域,因此异常值可能仅在其所属的局部区域中可识别,称为局部异常值。如果数据点的密度比其邻居的密度相对较低,则基于密度的方法能够通过将数据点标记为异常值来有效地找到这种局部异常值,其中数据点处的密度由其局部区域中的数据分布决定。

如表3.4-1所示,在窗口流处理中,许多数据点处的密度往往是固定的。在每个滑动窗口中,当对所有数据集进行平均时,68%的数据点的密度是完全静止的,87%的数据点密度几乎静止(在窗口滑动的1%内变化)。尽管在基于密度的异常值检测中有明显地节省工作的机会,但现有的算法都无法识别密度的"平稳性"。

表 3.4-1　具有固定密度的数据点数量与所有数据点数量的比率的平均

数据流	YahooA1	YahooA2	HTTP	DLR	ECG	FDC	平均值
100% 固定	0.58	0.65	0.88	0.72	0.62	0.61	0.68
≥99% 固定	0.65	0.76	0.99	0.91	0.97	0.96	0.87

许多基于密度的检测数据流中的局部异常值算法需要估计数据点的密度而

忽略了密度的平稳性,每次窗口滑动时,都会重复更新窗口中所有数据点的密度,导致了二次时间复杂性,过多的延迟损害了异常值的及时检测。

图 3.4-2 中展示了具体的示例,有两个异常值,x_1 和 x_3,在上一个窗口[图 3.4-2a)]中,在窗口滑动后,在当前窗口[图 3.4-2c)]中 x_2 变成了一个新的异常值,因为它现在的密度比它最近的邻居低,并且 x_3 现在的密度变得与最近邻居的密度相似。在前一个窗口和当前窗口之间,数据点的密度仅在右侧的局部区域中发生变化。然而,现有算法会全局更新所有数据点的密度[图 3.4-2b)]。这些过度的更新可以通过局部更新来避免[图 3.4-2b)],这允许跳过左侧的静止区域,并仅估计剩余局部区域的密度。

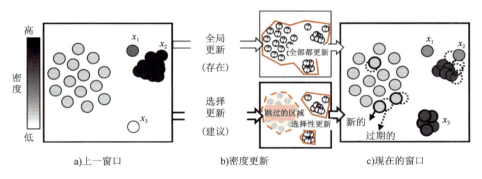

图 3.4-2　两种密度更新方法

在实践静止区域跳跃的方法时,面临两大主要挑战:

(1)针对数据点密度的追踪,需要在未实际计算数据空间密度的情况下,准确地识别出密度变化的位置和程度,这一操作的成本较高。

(2)静止区域的跳过不能影响异常值检测的精准度,以保证方法的时效性。

基于用于估计数据点局部密度的模型,现有算法可分为两类:基于局部异常值因子(Local Outlier Factor,LOF)的算法和基于局部异常值检测的核密度估计(Kernel Density Estimation,KDE)的算法(表 3.4-2)。

从数据流中检测局部异常值的现有算法　　　　表 3.4-2

名称	基础模型	采用的主要技术	更新范围
iLOF	LOF	增量更新	所有新的点
MiLOF	LOF	基于聚类的摘要	所有新的点
DILOF	LOF	基于采样的摘要	所有新的点
KELOS	KDE	基于聚类的剪枝	所有区域

LOF 是一种用于衡量数据点在局部密度方面的异常程度的模型。具体来说，LOF 通过计算数据点与其邻居的平均距离，引入了局部可达性距离的概念。一个数据点的局部可达性密度是其到 k 个近邻数据点的距离的平均值的倒数，若一个数据点的局部可达性密度低于其邻居，那么它很可能是一个局部异常值。在处理具有重大意义的窗口数据时，已经针对 LOF（局部异常因子）的效率问题进行了改进。传统的 LOF 方法会更新所有数据点的分数，但增量局部异常因子（Incremental Local Outlier Factor，iLOF）采取了一种不同的策略，它仅逐步更新新数据点的直接或间接邻居的 LOF 分数。尽管这种方法在某种程度上提高了效率，但随着数据点数量的增加，iLOF 仍然面临着内存不足和运行时间过长的问题。为了解决这些问题，内存有效增量局部异常因子（Memory Efficient Incremental Local Outlier Factor，MiLOF）和深层内在局部异常因子（Deep-Intrinsic Local Outlier Factor，DILOF）方法分别采用了聚类和采样技术来压缩旧数据点，降低局部密度更新的开销，力求紧密近似数据分布。然而，这些方法主要关注的是窗口中数据点的有效汇总，而非全面考虑所有数据点。此外，它们在处理数据到期问题方面具有一定的局限性。

KDE 方式是被 Latecki 等人首次引入的，并在后续的研究中得到了不断的优化和改进。核密度估计异常值分数（Kernel Density Estimation Outlier Score，KDEOS）是首个应用 KDE 进行局部异常值检测的方法，它仅考虑 k 个最近的邻居内核中心，这种方法的缺陷是并不适用于数据流环境，且在处理每个数据点时将其视为内核中心的做法会导致运行时间复杂度增加。近年来，基于核密度估计的局部异常值分数（Kernel Density Estimation-Based Local Outlier Score，KELOS）被提出用于从数据流中检测局部异常值。KELOS 方法与基于 LOF 的方法中的基于聚类的异常值修剪相似，通过微聚类对数据点进行聚类，然后利用聚类质心作为 KDE 的核中心。通过定义每个聚类中数据点的局部密度和局部异常值分数，KELOS 首先修剪掉在聚类级别不太可能成为异常值的数据点，接着筛选剩余的数据点以识别前 n 个局部异常值。这种基于聚类的异常值修剪大大降低了计算成本。然而，聚类的更新仍需二次计算时间，同时，在每一个滑动窗口中，即使与前一个窗口的变化微乎其微，也必须重新计算其局部密度和局部异常值分数的边界。

综上所述，当前流数据异常检测技术的主要挑战在于如何跳过数据点密度几乎没有变化的局部区域的密度更新,也就是静止区域(平稳区域)。跳过平稳区域的流数据异常检测方法能够高效且准确地检测流式数据中的异常数据点,解决了现有算法在处理大量流数据时的难题。这使得桥梁健康监测系统能够高效且准确地识别异常数据,从而维护桥梁的健康和安全。

3.4.2 技术方案

跳过平稳区域的流数据异常检测方法通过对窗口中已经进行预处理的数据空间进行网格单元划分,具体划分以单元区域内数据点个数w_i作为权重,结合非空网格单元中心坐标kc_i来表示非空网格单元。

在窗口滑动过程中,以非空网格单元的权重累积净变作为区域内数据密度变化程度的度量,跳过更新相对平稳数据区域中数据点的局部可达密度和局部异常因子。在需要更新的区域内,仅将含有估计点θ_K最近邻点的区域用于估计局部异常因子,减少对不必要的数据点进行遍历。最后通过非空网格单元中局部异常因子的上下界实现非空网格单元和数据点两个层级的异常检测,即首先识别出包含有前 n 个异常值的非空网格单元,再检索出前 n 个异常数据点。图 3.4-3 为跳过平稳区域的流数据异常检测方法的流程图。

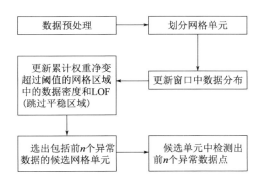

图 3.4-3　流数据异常检测流程图

跳过平稳区域的流数据异常检测方法的具体步骤为:

(1)数据预处理:从桥梁健康监测系统传感器中实时采集数据,根据系统采样频率和需要不同选择 n 个采样时间间隔为一个窗口,将所述窗口中的数据进行缺失值补全、归一化操作,得到数据空间X^d。

(2)划分网格单元:将步骤(1)中得到的数据空间X^d分为对角线长度为θ_R的 d 维网格单元(其中θ_R为不同场景下非空网格单元个数与窗口中数据点数量之

比)。θ_R的取值应该满足以下两点:①应该尽可能地小以减少计算开销;②不能够过小从而没法保持离群点检测精度。

为此,确定使得召回率最大的θ_R的步骤如下:

(1)通过从足够小的值增加θ_R来找到比率曲线的第一个弯折。

(2)在第一弯折之后的范围内通过搜索确定使得召回率最大的θ_R。所述网格单元包含非空网格单元$\langle kc_i, w_i \rangle$,其中,$i$表示非空网格单元的索引,$w_i$表示第$i$个非空网格单元的权重,$kc_i$表示第$i$个非空网格单元的中心坐标;将非空网格单元集合$\{\langle kc_i, w_i \rangle | i = 1, \cdots, m\}$作为权重分布网格$G$;其中,$m$表示非空网格单元的个数。通过划分网格单元,便于后续对数据空间进行分区域的处理,减少对所有数据点的遍历,可以减少计算量,提高算法时效性。

(3)更新窗口中的数据分布:窗口滑动时,因为伴随着旧数据点的消失和新数据点的进入,所以由权重分布网格管理的窗口数据分布需要进行相应的更新。具体的流程图如图3.4-4所示。

记窗口滑动前的权重分布网格为G^{prep},记录消失在窗口中的消失数据点集合S_{exp},同时记录新出现的新数据点集合S_{new},将$\{\langle kc_i, w_i = 0 \rangle | i = 1, \cdots, m\}$分别作为第一分布网格$G_{exp}$和第二分布网格$G_{new}$。

对于第一分布网格G_{exp}遍历消失数据点集合S_{exp},将消失数据点集合S_{exp}中的每一个数据点加入对应的非空网格单元,并记录其权重,更新第一分布网格G_{exp};对于第二分布网格G_{new}遍历新数据点集合S_{new},将新数据点集合S_{new}中的每一个数据点加入对应的非空网格单元,并记录其权重,更新第二分布网格G_{new},随后将更新的第二分布网格G_{new}和更新的第一分布网格G_{exp}对应非空网格单元的权重作差,将$(\{\langle kc_i, \Delta w_i \rangle | i = 1, \cdots, m\}$作为净变权重分布网格$\Delta G$,再由窗口滑动前的权重分布网格$G^{prep}$加上净变权重分布网格$\Delta G$,可得到当前权重分布网格$G^{curr}$。

图3.4-4 更新数据分布图

净变权重分布网格 ΔG 可用于衡量各区域内数据分布的变化程度,其中,Δw_i 越小,代表此单元网格数据分布变化程度越小,则在更新数据点局部可达密度和局部异常因子时可跳过这类变化程度小的平稳区域。

因为异常数据本身是属于少数部分的,也就是说大部分正常数据区域会趋于平稳,故综上所述,该方法可减少计算所需时间和空间资源。

(4)更新累计权重净变超过阈值的网格区域中的数据密度和 LOF:根据步骤 3 中净变权重分布网格 ΔG 选择性地更新窗口中数据点的局部可达密度。跳过平稳区域局部可达密度和局部异常因子的方法流程图如图 3.4-5 所示。

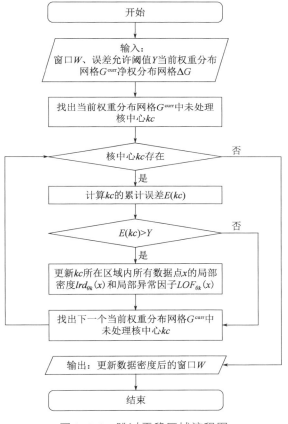

图 3.4-5 跳过平稳区域流程图

根据局部密度估计定义可知,如果数据点 x 的 θ_K 最近邻核中心和它的权重没有改变,那么数据点 x 的局部密度也不会改变。遍历当前权重分布网格 G^{curr} 的中心坐标 kc_i,计算数据点 x 与中心坐标 kc_i 的距离,取 θ_K 个最近的 kc_i 组成 θ_K 最近邻核中心集合 $KC(x)$,遍历净变权重分布网格 ΔG 中的 $\langle kc_i, \Delta w_i \rangle$,当所述数据点 x

与净变权重分布网格 ΔG 中的 kc_i 的欧氏距离小于等于所述数据点 x 与其的第 θ_K 最近邻核中心 kc_{θ_K} 的欧氏距离时,将满足上述条件的 kc_i 对应的 Δw_i 组成集合 $\Delta W_t(x)$;则数据点 x 的局部密度累积误差为:

$$E(x;t_c,t_l) = \sum_{t=t_l,\cdots,t_c} \frac{\sum_{\Delta w_j \in \Delta W_t(x)} |\Delta w_j|}{\sum_{w_i \in KC(x)} w_i} \tag{3.4-1}$$

其中,t_l 表示上次更新密度的窗口,t_c 表示当前窗口,Δw_j 表示集合 $\Delta W_t(x)$ 中第 j 个非空网格单元的权重差。为保证检测精度,用局部密度累积误差定量的描述数据点局部密度变化程度,当超过阈值时表明会对检测结果造成影响,需及时更新其局部可达密度和局部异常因子。

每次窗口滑动时重复计算当前权重分布网格 G^{curr} 中核中心 kc_i 的局部密度累积误差;当核中心 kc_i 局部密度累积误差 $E(kc_i)$ 大于误差容许阈值时,更新该核中心所在网格单元中所有数据点 x 的局部可达密度和局部异常因子,更新数据点 x 的局部可达密度和局部异常因子时,找出包含数据点 x 的 θ_K 最近邻数据点的非空网格单元,再遍历该非空网格单元中的数据点,估计出数据点 x 的第 θ_K 距离邻域 $N_{\theta_K}(x)$,对 $N_{\theta_K}(x)$ 中的所有数据点 y 计算出 y 的第 θ_K 距离 $\theta_K\_dist(y)$,则 y 到 x 的局部可达距离为 $\mathrm{reach}_{\mathrm{dist}_{\theta_K}}(x,y) = \max[\theta_K\_dist(y), dist(x,y)]$,得到局部可达密度

$$lrd_{\theta_K}(x) = \frac{|N_{\theta_K}(x)|}{\sum_{y \in N_{\theta_K}(x)} \mathrm{reach\_dist}_{\theta_K}(x,y)} \tag{3.4-2}$$

和局部异常因子

$$LOF_{\theta_K}(x) = \frac{\sum_{y \in N_{\theta_K}(x)} lrd(y)}{lrd(x) \cdot |N_{\theta_K}(x)|} \tag{3.4-3}$$

并记录每个非空网格单元内最小局部异常因子 $LOF_{\min}(x)$ 及最大局部异常因子 $LOF_{\max}(x)$,以便于后续异常检测;其中 $|N_{\theta_K}(x)|$ 是 x 的 θ_K 最近邻数据点的个数。

(5)异常检测方法:设初始候选网格单元 G^{cand} 为空,用 $G^{curr} - G^{cand}$ 表示 G^{curr} 中除去存在于 G^{cand} 中的非空网格单元集合,遍历 $G^{curr} - G^{cand}$ 中的非空网格单元 $\langle kc_i, w_i \rangle$。具体流程图如图 3.4-6 所示。

遍历后,若当前 G^{cand} 中所有非空网格单元的权重之和大于等于 n 且该非空

网格单元最小局部异常因子$LOF_{min}(x)$大于G^{curr} - G^{cand}中最大局部异常因子$LOF_{max}(x)$,则输出当前G^{cand};否则将当前G^{curr} - G^{cand}中的非空网格单元$\langle kc_i, w_i \rangle$加入$G^{cand}$,若当前$G^{cand}$中所有非空网格单元的权重之和小于$n$则继续遍历下一非空网格单元,否则比较当前$G^{cand}$最小局部异常因子$LOF_{min}(x)$是否大于$G^{curr}$ - G^{cand}中最大局部异常因子$LOF_{max}(x)$,若是则继续遍历下一非空网格单元,若不是则不将$\langle kc_i, w_i \rangle$加入$G^{cand}$且继续遍历下一非空网格单元。

通过上述过程得到G^{cand}后,再将G^{cand}中的所有数据点的局部异常因子由大到小进行排序,选出前n个异常数据点。因为对整个窗口中所

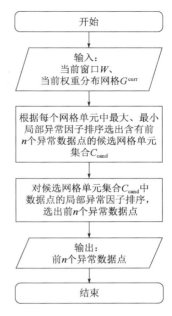

图3.4-6 异常检测方法流程图

有数据点的局部异常因子进行排序需要极大的计算时间和空间资源,通过所述方法可先查找出含有前n个异常点的网格单元,再对其中数据点的局部异常因子进行排序,因此可有效减少对不必要的数据点进行排序操作,提高检测效率。

(6)异常报告:将检测出的前n个异常数据点相关信息,包括传感器编号、数据类型、异常分数等形成文本报告输出给相关专业人员,以便专业人员采取措施处理异常。

3.4.3 总结

异常检测旨在识别数据流中与正常模式显著不同的数据点或数据序列。其基本流程包括:数据预处理、特征提取、模型构建和异常检测。常见的基于数据流的异常检测方法包括滑动窗口法、在线学习法等,其能够实时监测数据流中的异常。对于流数据异常检测技术的主要挑战在于如何在流数据异常检测处理大规模数据时既能够保证实时性又能够实现高效计算和低延迟。

跳过平稳区域的流数据异常检测方法将数据空间近似为一组固定的小区域,可支持局部异常值的快速检测。这些区域用于导出内核中心以及近似数据点,在每个滑动窗口中的工作可近似表示成以下三个阶段,如图3.4-7所示。

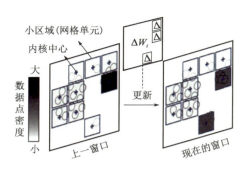

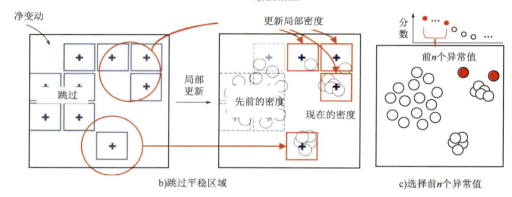

图 3.4-7　流数据异常检测方法的总体程序图

第一阶段如图 3.4-7a)所示,通过计算每个小区域中的数据点数量并使用该计数作为从该区域导出的内核中心的权重来跟踪变化。一个小区域被实现为划分数据空间的网格单元,将得到的网格称为权重分布网格。通过将每个小区域的计数的净变化反映到前一窗口的权重分布网格中,可以有效地更新权重。

第二阶段如图 3.4-7b)所示,检查连续滑动窗口之间的权重分布网格中的权重变化,并识别固定区域,其中附近核中心的累积变化不显著。然后,跳过更新那些固定区域中的数据点的局部密度,重新使用先前窗口中估计的局部密度。

第三阶段如图 3.4-7c)所示,选择前 n 个基于数据点的局部异常分数的局部异常值,同时有效地修剪小区域和低分数的数据点。

跳过平稳区域的流数据异常检测方法通过对数据空间进行网格单元划分,采用核中心与权重相结合的方式表示数据区域,在窗口滑动过程中,通过权重净变的累积误差来选择性地更新数据局部密度。因为异常数据往往是少数部分,大多区域的数据密度在连续窗口中较为稳定,极大地减少计算量,提高异常检测效率且不会影响检测准确率。除此之外,在更新过程中仅将包含有数据点的 θ_K

最近邻数据点的区域用于计算局部异常因子,避免遍历整个数据空间的数据点,进一步缩减计算量,从而提高效率。该流数据异常检测方法,解决了现有异常检测方法在处理爆发式流数据时无法保证准确率和时效性的难题,适用于高速数据流场景。

然而,此方法仍有一定的局限性,在未来研究和发展中需要进一步与其他数据处理技术(如流式计算、深度学习等)相结合,实现更高效、准确的数据流分析。

3.5 本章小结

本章以流计算技术为重点,结合港珠澳大桥桥梁运维业务知识,介绍了在港珠澳大桥中应用的实时计算相关技术。

(1)设计了一种基于传感器数据微批流处理的动态数据分区方法,本发明通过启发式的方法对 Map-Reduce 任务中的输入数据进行分区,并采用动态资源管理调整运行时的并行程度,在实时计算阶段保证计算任务间的负载平衡,使得该方法对数据分布和到达率的波动具有鲁棒性。

(2)设计了一种针对传感器采集数据偏差检测模型的实时修复技术,本方法基于在传感器偏差检测中模型监测失误的传感器数据,设计优化算法选择与偏差检测失误相关的神经元,保持神经元权重,仅调整其输出,快速调整模型的表现以满足桥梁偏差检测的要求。

(3)设计了一种跳过常态传感器数据的流数据噪声检测方法,本发明通过对传感器流数据进行网格单元划分,引入统计学方法表示数据区域,在窗口切换过程中,根据区域内数据密度变化程度跳过常态数据的计算,提高检测传感器噪声的效率且不会影响检测准确率。

本章参考文献

[1] AKIDAU T,BRADSHAW R,CHAMBERS C,et al. The dataflow model:A practical approach to balancing correctness,Latency,and Cost in Massive-Scale,

Unbounded, Out-of-Order Data Processing[J]. Proceedings of the VLDB Endowment,2015,8(12):1792-1803.

[2] DEAN J,GHEMAWAT S. Map Reduce:simplified data processing on large clusters[J]. Communications of the ACM,2008,51(1):107-113.

[3] GUFLER B,AUGSTEN N,REISER A,et al. Handling data skew in MapReduce [J]. Closer,2011,11:574-583.

[4] TO Q C,SOTO J,MARKL V. A survey of state management in big data processing systems[J]. The VLDB Journal,2018,27(6):847-872.

[5] ZAHARIA M,CHOWDHURY M,DAS T,et al. Resilient distributed datasets:A fault-tolerant abstraction for in-memory cluster computing[C]//9th USENIX symposium on networked systems design and implementation(NSDI 12). 2012: 15-28.

[6] CHANDY K M, LAMPORT L. Distributed snapshots:determining global states of distributed systems[J]. ACM Transactions on Computer Systems,1985,3(1): 63-75.

[7] CARBONE P,FÓRA G, EWEN S,et al. Lightweight asynchronous snapshots for distributed dataflows[J]. Computer Science,2015.

[8] EISENBUD D E,YI C,CONTAVALLI C,et al. Maglev:A fast and reliable software network load balancer[C]//Nsdi. 2016,16:523-535.

[9] XIE D,CHANDRAMOULI B, LI Y,et al. FishStore:Faster ingestion with subset hashing[C]//Proceedings of the 2019 International Conference on Management of Data. Amsterdam Netherlands:ACM,2019:1711-1728.

[10] FLORIAN S, DMITRY K,JAMES P. Facenet:A unified embedding for face recognition and clustering[C]. In Proceedings of the IEEE conference on computer vision and pattern recognition,2015:815-823.

[11] DUYU T,BING Q,TING L. Document modeling with gated recurrent neural network for sentiment classification[C]. In Proceedings of the 2015 conference on empirical methods in natural language processing,2015:1422-1432.

[12] ZHENLONG Y,YONGQIANG L,ZHAOGUO W,et al. Droidsec:deep learning

in android malware detection[C]. In Proceedings of the 2014 ACM conference on SIGCOMM,2014:371-372.

[13] SANDRA V,WALTER H P,ANDREA M. Using deep learning to investigate the neuroimaging correlates of psychiatric and neurological disorders:Methods and applications[J]. Neuroscience & Biobehavioral Reviews,2017,74:58-75.

[14] MARIUSZ B,DAVIDE D T,DANIEL D,et al. End to end learning for self-driving cars[J]. arXiv preprint arXiv:1604.07316,2016.

[15] GUIDO M,YANNICK J. An introduction toacas xu and the challenges ahead [C]. In 2016 IEEE/AIAA 35th Digital Avionics Systems Conference (DASC),IEEE,2016:1-9.

[16] IAN J G,JONATHON S,CHRISTIAN S. Explaining and harnessing adversarial examples[J]. arXiv preprint arXiv:1412.6572,2014.

[17] GUY K,CLARK B,DAVID L D,et al. Reluplex:An efficient Smt solver for verifying deep neural networks[C]. In International Conference on Computer Aided Verification,Springer,2017:97-117.

[18] VINCENT T,KAI X,RUSS T. Evaluating robustness of neural networks with mixed integer programming[J]. arXiv preprint arXiv:1711.07356,2017.

[19] GAGANDEEP S,TIMON G,MARKUS P,et al. An abstract domain for certifying neural networks[C]. Proceedings of the ACM on Programming Languages,2019,3:1-30.

[20] CHEN J,YAN M,WANG Z,et al. Deep neural network test coverage:How far are we? [J]. arXiv preprint arXiv:2010.04946,2020.

[21] ZHANG J M,HARMAN M,MA L,et al. Machine learning testing:Survey,landscapes and horizons[J]. IEEE Transactions on Software Engineering,2020,99:1-1.

[22] PEI K,CAO Y Z,YANG J F,et al. Deepxplore:Automated whitebox testing of deep learning systems[C]. In proceedings of the 26th Symposium on Operating Systems Principles,2017:1-18.

[23] BRANDON P,JINGBO W,CHAO W. Reludiff:Differential verification of deep

neural networks[C]. In 2020 IEEE/ACM 42nd International Conference on Software Engineering (ICSE), IEEE, 2020: 714-726.

[24] YANG F, QINGKAI S, XINYU G, et al. Deepgini: prioritizing massive tests to enhance the robustness of deep neural networks[C]. In Proceedings of the 29th ACM SIGSOFT International Symposium on Software Testing and Analysis, 2020: 177-188.

[25] MA S Q, LIU Y Q, LEE C W, et al. Mode: Automated neural network model debugging via state differential analysis and input selection[C]. In Proceedings of the 2018 26th ACM Joint Meeting on European Software Engineering Conference and Symposium on the Foundations of Software Engineering, 2018: 175-186.

[26] JEONGJU S, SUNGMIN K, SHIN Y. Search based repair of deep neural networks[J]. arXiv preprint arXiv: 1912.12463, 2019.

[27] BO L, YEVGENIY V, XINYUN C. A general retraining framework for scalable adversarial classification[J]. arXiv preprint arXiv: 1604.02606, 2016.

[28] FLORIAN T, ALEXEY K, NICOLAS P, et al. Ensemble adversarial training: Attacks and defenses[J]. arXiv preprint arXiv: 1705.07204, 2017.

[29] BEN G, GUY K, YOSSI A, et al. Minimal modifications of deep neural networks using verification[C]. In LPAR, 2020: 260-278.

[30] SEBASTIAN K, JOHANNES F. Batchwise patching of classifiers[C]. In Thirty-Second AAAI Conference on Artificial Intelligence, 2018.

[31] SEBASTIAN K, DAVID H L. Towards neural network patching: Evaluating engagement-layers and patch-architectures [J]. arXiv preprint arXiv: 1812.03468, 2018.

[32] LEI M, FELIX J X, ZHANG F Y, et al. Deepgauge: Multigranularity testing criteria for deep learning systems[C]. In Proceedings of the 33rd ACM/IEEE International Conference on Automated Software Engineering, 2018: 120-131.

[33] XUHONG R, BING Y, HUA Q, et al. Few-shot guided mix for dnn repairing [C]. In 2020 IEEE International Conference on Software Maintenance and Evo-

lution(ICSME),IEEE,2020:717-721.

[34] GUY K,DEREK A H,DULIGUR I,et al. The marabou framework for verification and analysis of deep neural networks[C]. In International Conference on Computer Aided Verification,Springer,2019:443-452.

[35] NICOLAS P, PATRICK M,SOMESH J,et al. The limitations of deep learning in adversarial settings[C]. In 2016 IEEE European symposium on security and privacy(EuroS&P),IEEE,2016:372-387.

[36] DONG G,SUN J, WANG J,et al. Towards Repairing Neural Networks Correctly[J]. arXiv:Learning,2020.

[37] SEBASTIAN R. An overview of gradient descent optimization algorithms[C]. arXiv preprint arXiv:1609.04747,2016.

[38] TAO F,ZHANG H,LIU A,et al. Digitalt win in industry:State-of-the-art[C]. IEEE Trans. on Industrial Informatics,2018,15(4):2405-2415.

[39] MUBASHIR M,SHAO L,SEED L. A survey on fall detection:Principles and approaches[J]. Neurocomputing,2013,100:144-152.

[40] LIN Y,LEE B S,LUSTGARTEN D. Continuous detection of abnormal heartbeats from ECG using online outlier detection[C]. In Proc. SIMBig,2018:349-366.

[41] GUPTA M,GAO J,AGGARWAL C C,et al. Outlier detection for temporal data:A survey[J]. IEEE Trans. on Knowledge and Data Engineering,2013,26(9):2250-2267.

[42] YOON S,LEE J G,LEE B S. NETS:Extremely fast outlier detection from a data stream via set-based processing[J]. Proceedings of the VLDB Endowment,2019,12(11):1303-1315.

[43] BREUNIG M M,KRIEGEL H P,NG R T,et al. LOF:Identifying density-based local outliers[J]. ACM SIGMOD Record,2000,29(2):93-104.

[44] JIN W,TUNG A K,HAN J. Mining top-n local outliers in large databases[C]. In Proc. KDD,2001:293-298.

[45] SCHUBERT E,ZIMEK A,KRIEGEL H P. Generalized outlier detection with

flexible kernel density estimates[C]. In Proc. SDM,2014:542-550.

[46] FRANK K,VERA N M J,ROBERTSON P,et al. Bayesian recognition of motion related activities with inertial sensors[C]. In Proc. UbiComp,2010:445-446.

[47] NA G S,KIM D,YU H. DILOF:Effective and memory efficient local outlier detection in data streams[C]. In Proc. KDD,2018:1993-2002.

[48] POKRAJAC D,LAZAREVIC A,LATECKI L J. Incremental local outlier detection for data streams[C]. In Proc. CIDM,2007:504-515.

[49] QIN X,CAO L,RUNDENSTEINER E A,et al. Scalable kernel density estimation-based local outlier detection over large data streams[C]. In Proc. EDBT,2019:421-432.

[50] SALEHI M,LECKIE C,BEZDEK J C,et al. Fast memory efficient local outlier detection in data streams[J]. IEEE Trans. on Knowledge and Data Engineering,2016,28(12):3246-3260.

[51] GAN E,BAILIS P. Scalable kernel density classification via threshold-based pruning[C]. In Proc. SIGMOD,2017:945-959.

[52] LATECKI L J,LAZAREVIC A,POKRAJAC D. Outlier detection with kernel density functions[C]. In Proc. MLDM,2007:61-75.

第 4 章

基于边缘计算的桥梁智能运维

4.1 概述

桥梁是交通基础设施中不可或缺的一部分,它能增进跨河、跨江、跨海之间人们的交流与合作,推动经济发展,并提升民众生活的便捷性。目前,中国有众多大桥和特大桥,桥梁建成后的运维水平关系着桥梁的长久稳定运行能力。桥梁随着时间与环境气候的变化会影响材料的老化,长时间的在线运营、车流量的增多,增加了桥梁结构的恶化,这将产生重大安全隐患。随着信息、智能等技术的不断发展,更多先进的、智能的检测设备和技术被应用到桥梁整体工程中。随着5G的不断推进与成熟,各种信息化、数字化等技术与手段的不断涌现,各类5G+场景融合应用已经出现,例如5G+智能交通、5G+工业互联网等。5G+北斗的融合为高精度定位提供更快的速度,并基于边缘计算技术形成三者融合模式,实现北斗数据在边缘的处理,支持与北斗有关任务部署在边缘,避免长距离数据传输,提高响应速度。针对桥梁等交通基础设施的监测,边缘计算与5G+北斗的融合,不仅为桥梁监测数据提供时钟一致性,而且提供更快的传输速度降低时延,满足高精度、低时延的定位能力。

基于边缘计算的桥梁智能运维包括边缘计算平台以及结合5G+北斗的边缘计算系统。边缘计算平台是对现有结构健康监测设备的数据采集的重要升级与补充,通过云原生边缘计算技术提升便利性、完整性与实时性。该平台能够采集各种无线、有线等多种类型的传感器产生不同结构的数据,可在边缘侧(即大桥上预先安装的边缘硬件)部署数据预处理方法,例如数据预警方法,一旦发现数据异常,系统立即产生预警,提高实时性。当桥梁的网络发生故障时无法传输数据,可通过缓存的方式进行暂存数据,提高数据完整性。通过边缘计算平台可以对安装的边缘硬件与传感器进行统一运维管理,降低维护成本。结合5G技术,在边缘与云中心的通信与数据传输方面带来了进一步的提升,并且在北斗的赋能下,在边缘硬件进行数据融合分析,实现传感器数据与北斗数据的比对与校准,提升健康监测数据的准确性,为桥梁的安全运营、养护等方面提供数据支撑。

本章主要梳理边缘计算平台的功能等方面需求,确定系统的目标和范围,并对平台的整体架构设计、内部架构、数据库、接口、实施与部署等进行详细描述。

4.2 港珠澳大桥边缘系统和平台

4.2.1 概述

港珠澳大桥边缘系统和平台分成两个部分:边缘智能硬件系统和边缘计算软件平台。边缘智能硬件系统的核心是实现传感器设备的有线或无线的连接,为数据采传收提供智能算力。边缘计算软件平台实现对边缘智能硬件、大桥传感器等设备统一运维管理;对运行在边缘硬件的应用程序进行全生命周期管理;对采集到的监测数据按照监测项目多维度多角度进行统一展示与预警,为大桥的结构健康监测提供数据支持。在此之前,港珠澳大桥的健康监测传感器布设时基本使用有线光纤与大桥上的采集仪或工控机相连,增加了施工安装与后期养护维修的难度,无法及时精确知晓出现问题的原因。通过港珠澳大桥边缘系统和平台,可以提升港珠澳大桥的结构健康监测、管理养护等方面的效率,同时为结构健康监测提供技术支撑。

基于港珠澳大桥的现状,港珠澳大桥边缘系统和平台要实现边缘管理、边缘数据采集、边缘数据预处理、数据传输。具体流程如图 4.2-1 所示。

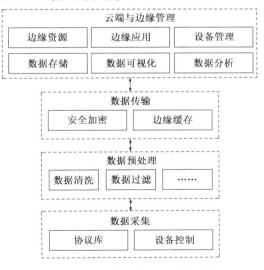

图 4.2-1　边缘系统和平台流程图

边缘管理是实现对安装在大桥上的边缘资源的管理,用户可在云中心随时掌握边缘智能硬件与系统程序的状态,并且能够登录到每个边缘硬件内进行远程调试,无须频繁上桥,节约时间,提高效率。同时,边缘智能硬件提供多种方式接入传感器,扩展性强。用户可在云中心使用包含运行环境与可执行程序的镜像,远程部署到大桥的硬件环境内,满足系统程序运行在更靠近数据源时,提供算力下沉的应用能力。

边缘数据采集是对连接在边缘智能硬件上的环境、桥梁结构等传感器产生的数据进行采集,感知传感器状态,既可以按照既定频率采集数据,也能灵活调整采集频率,提升数据采集的效率。

边缘数据预处理可以在本地进行数据处理,通过将数据预处理方法下沉到边缘智能设备,减少数据传输的延迟,提高数据隐私保护水平,在靠近数据产生源头完成预处理,例如直接预警等操作,有效地提高了数据处理的效率与实时性。

数据传输是实现边缘数据传输的实时性、安全性与完整性,基于大桥所处环境以及云与边网络环境状况,通过边缘缓存最大化利用边缘智能硬件存储能力,当云和边网络抖动时,利用边缘数据缓存模块将无法传到云端的数据暂时存储,当网络能持续联通,会根据实时数据传输队列将缓存的数据再次进行上传,直到上传成功。用户或其他平台可以使用监测数据进行数据分析和查看。

港珠澳大桥边缘系统和平台的开发为港珠澳大桥结构健康监测提供新的物联网架构;为台风等极端天气预测提供更实时的服务能力;为大桥智能化运维服务提供技术支撑。

4.2.2 边缘智能硬件系统

考虑到港珠澳大桥计划使用北斗系统,需要为北斗数据提供可靠安全传输。在进行边缘智能硬件系统设计之前,需要规划与北斗信号接收设备的连接方式,并且在传感器选型上需面向桥梁结构检测与边缘智能设备管养需求。

与北斗的连接方式,若不考虑耦合性,可直接将北斗模块安装在边缘板中,可以减小现场规模化安装部署的开销,但会给边缘板引入额外的系统开销同时与边缘计算自身数据管理耦合性太高,因此,为了解耦北斗与传感器数据的接收、传输与处理,增强系统鲁棒性,硬件系统设计如图 4.2-2 所示。北斗信号接收设备(北斗板)将从卫星处接收到定位、授时信息,一方面将其直接通过无线(5G)传输到云端,另一方面将数据同步传输到边缘智能设备(边缘板)上。边缘板通过有线或无线的方式接入一系列终端传感器,在边缘数据处理完成后传回北斗板再通过无线(5G)传输到云端。设置两路传输的主要目的是为了保证北斗数据可靠传输的同时,充分利用边缘端资源,将北斗提供的高精度定位、授时信息与多源、多模态数据融合处理。

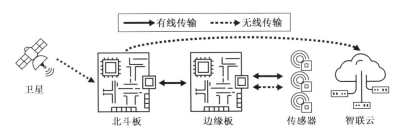

图 4.2-2　硬件系统设计

因此,港珠澳大桥边缘智能硬件系统包括边缘板、传感器、扩展接口与底板四个部分。硬件组成框架如图 4.2-3 所示。

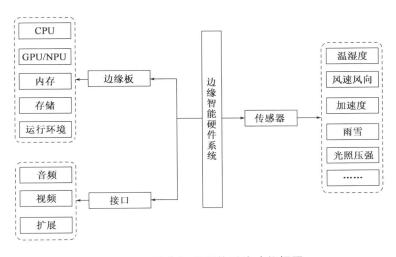

图 4.2-3　边缘智能硬件系统功能框图

边缘板是边缘计算的载体,通过使用边缘板可以让其与软件更好地结合,从中心化逐渐去中心化。目前市场上边缘板众多,各大硬件制造商推出不同型号芯片的硬件设备,满足各类场景的需求。

港珠澳大桥处于高温、高湿、高盐的环境下,在对硬件选型时需考虑以上因素。因此,硬件必须具备耐高温、耐腐蚀等特点,至少达到准工业级的标准。除了环境因素,还应从运行软件的个数、资源、稳定性角度考虑硬件设备的 CPU、内存、存储等配置。在可扩展性方面,硬件需考虑外接北斗硬件以及 RS485、USB、蓝牙等物联网传感器。综上所述,边缘智能硬件核心参数需求如表 4.2-1 所示。

边缘智能硬件核心参数需求 表 4.2-1

名称	参数需求
CPU	四核心或以上,主频超过 1.5GHz
其他计算组件	GPU、NPU
内存	LDDR4 4GB 以上
存储器	eMMC 64GB 以上
工作电压	输入电压 5V 最大功率小于 8W(不接任何外设)
支持系统	Android 9.0、Linux + QT5.9、Ubuntu16.04、Debian9、Fedora28
运行温度	$-25 \sim +75$℃
寿命	连续运行寿命大于 3 年以上
支持扩展接口	四路 RS485,二路 USB3.0,多路电源输出(1.8V、2.8V、3.3V),支持 WiFi 及 BLE5.0

1)边缘板选型

根据边缘板的关键参数,结合环境耐受性考量及接口可扩展性需求,广泛筛选常用工业级、准工业级边缘板型号,并兼顾硬件开源特性,以便进行二次硬件开发。分别从广度和深度两个方面对边缘板进行选型:在广度方面,考虑厂商实力、产品线丰富度、性价比等因素,从不同厂商选取匹配的型号针对接口、工作环境、操作系统等维度进行比较;在深度方面,从广度对比中选取符合要求的边缘板对更多参数进行详细对比,如处理器、内存、存储、外围接口、5G 适配、尺寸和功耗等。

经过广度与深度的选型后,选取了 RK3568 边缘板,其详细配置见表 4.2-2。

RK3568 边缘板配置参数 表 4.2-2

名称	配置参数
CPU	四核 64 位 Cortex-A55,主频最高 2.0GHz
GPU	ARM G52 2EE
NPU	1TOPS

续上表

名称		配置参数
内存		8GB
存储器		eMMC 128GB
工作电压		4.5～20V,典型值 12V
工作电流		≥165mA
运行温度		−20℃～+75℃
寿命		≥5 年
接口	音频	1 个麦克风输出接口;1 个左右声道输出接口;1 个 I2S 音频输入接口
	显示	1 个 HDMI 接口
	扩展	2 个 USB3.0 接口;5 个 UART(含 1Debug)接口;3 个 PWM 接口;1 个 PCIE 接口

2)传感器选型

根据大桥结构健康监测的维度与粒度,从性价比、稳定性等角度出发,广泛调研传感器品类,根据不同连接方式、可靠传输距离及其数据采集程序的可编程性,筛选合适的子集。传感器选型需求见表 4.2-3。

传感器选型需求样例表 表 4.2-3

传感器/模块名称	接口/协议	电压	安装需求	备注
集光照、大气压、二氧化碳、温湿度传感器	RS485（Modbus）	12～24V DC	部署在外部支架上	线缆长度可定制超过 10m,自带防水外壳、线缆
集 PM2.5、PM10、噪声传感器				
雨雪传感器		9～36V	与天线罩部署在相同位置,螺丝固定	
加速度传感器				
四麦克风阵列模块	USB Audio	—	部署在外部支架上,尽可能远离固定噪声源,如机箱等	自带线缆长度 2m,可使用 USB 延长线延伸至 10m 以上,具体可用性待测试;防水外壳可定制
无源拾音器麦克风模块	3.5mm 音频接口	—		自带线缆长度 1m,可使用 3.5mm 音频延长线延伸至 10m 以上,具体可用性待测试;自带防水外壳

续上表

传感器/模块名称	接口/协议	电压	安装需求	备注
BT24 蓝牙模块	UART 串口	3.3V	部署在机箱内部，天线单独引出到机箱外	内置天线，带 IPEX 接口，需采购外接 IPEX 天线并引出机箱外

通过对传感器广度、深度的选型，根据港珠澳大桥的实际环境，最终确定在每个点位布 2 个百叶箱传感器、1 个雨雪传感器、1 个风速和风向传感器，分别采集温湿度、噪声、PM2.5、PM10、大气压、光照、雨雪、风速与风向，还有加速度传感器采集三轴和低频振动的加速度。

3）接口设计与底板研制

根据选定的边缘板与传感器，在保留一定可扩展性、确保电压、电流适配的基础上，设计边缘板—传感器硬件接口，接口设计样例见表 4.2-4。

接口设计样例表 表 4.2-4

接口设计	需求说明
硬件接口	北斗核心板和边缘板各用底板，由硬件制造商设计并组织生产； 北斗核心板连接 5G 通信模块，提供互联网访问能力，边缘板不直连互联网； 北斗核心板与边缘板通过底板提供千/百兆网络链路能力； 北斗核心板通过底板提供边缘板硬件 Reset 线连接能力； 底板提供 DEBUG 调试串口能力； 硬件制造商整体考虑机箱内部热管理，边缘板仅提供被动散热片，建议边缘板的运行温度不应超过 50℃
硬件相关软件接口	北斗板提供软路由能力，边缘板由约定的千/百兆网络链路通过北斗板上的 5G 通信模块访问互联网； 北斗板提供 NTP 时间同步服务端，边缘板上的操作系统可通过 NTP 协议校准系统时钟； 北斗系统可通过云端发送复位信号至边缘板硬重启边缘板； 北斗板将北斗定位数据直接上传云，同时还将北斗定准数据通过约定的千/百兆网络链路发送一份至边缘板

4）硬件安装与实施

边缘计算智能硬件已在港珠澳大桥青州航道桥试验段完成 4 个点位的安装

部署，每个点包括 1 块边缘板、4 个传感器，传感器分别为 2 个百叶箱传感器(采集 $PM_{2.5}$、PM_{10}、二氧化碳、光照、温湿度、压强等数据)、1 个雨雪传感器、1 个 IMU 加速度计，按照 1Hz 频率进行采集，共采集 12 类传感器数据。在试验段安装部署前，对环境百叶箱、风速+风向、光照、雨雪 5 个传感器在高温、高湿、盐雾等环境下开展测试，并形成测试报告。边缘智能硬件系统大桥试点安装现场图如图 4.2-4 所示。

a)监测站天线及传感器部署图　　　　　b)监测站及边缘板部署图

图 4.2-4　边缘智能硬件系统大桥试点安装现场

4.2.3　边缘计算软件平台

港珠澳大桥边缘计算软件平台包含边缘资源管理、边缘应用管理、边缘传感器管理、容器镜像管理、数据可视化五个功能模块。图 4.2-5 为港珠澳大桥边缘计算软件平台功能框架图。

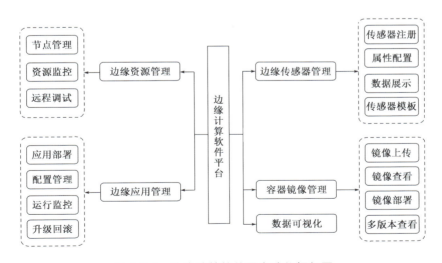

图 4.2-5　边缘计算软件平台功能框架图

边缘资源管理：依据港珠澳大桥北斗监测站的布点方案，接入各个边缘节点，获取边缘硬件设备的资源信息，例如 CPU、内存、存储等，并监控资源使用情况，实时感知资源异常情况。由于边缘硬件设备安装在大桥上，通过平台直接远程登录到设备中进行远程调试。

边缘应用管理：用户通过平台配置需要部署到边缘设备中的应用信息，例如应用资源、镜像版本、部署位置等，平台根据应用的需求，将应用部署到合适的边缘设备上，并开始对其运行状态和资源使用进行监控。若要对应用进行更新，在平台中修改配置后即可开始升级。

边缘传感器管理：按照港珠澳大桥结构监控监测设备的类型，适配多种协议接入传感器设备，通过平台对每个传感器配置基本信息，包括名称、型号、协议、位置等，配置完成后按照频率自动开始采集监测数据。

容器镜像管理：统一管理部署到边缘应用对应的镜像，用户可将已经制作好的镜像文件（里面包含执行程序）上传到平台，并可再次定义版本，同一个镜像库下可以维护镜像版本，部署应用时可以指定版本。

数据可视化：以多维度、多角度展示边缘整体状况，包括边缘硬件状态、传感器状态总体概况、传感器实时数据变化，并且通过港珠澳大桥 BIM 模型展示传感器位置，同时当传感器数据发生异常时立即显示预警信息，包括时间和具体内容。

除了功能模块以外，平台与其他对接主要是数据的对接，包括数据存储与数据获取。从边缘侧产生或采集的数据通过消息队列方式提交给数据中台进行统一存储，按照监测数据类别与类型存入对应的数据表中。数据可视化模块中使用到的数据统一从数据中台通过 Restful 接口模式获取，可以是历史数据，也可以是实时数据。

1）平台架构设计

软件总体框架中包括运维后台和数据可视化两个部分。边缘计算运维后台基于云原生技术框架，结合边缘计算、5G + 北斗技术，针对边缘资源、边缘传感器、边缘应用等模块进行统一管理运维。数据可视化与智联平台进行对接集成，用户可以通过智联平台进行访问。下面从平台总体架构设计展开描述。

(1)设计原则

①可靠性。

系统高可靠性包括系统的稳定性和数据的可靠性两方面的含义。系统的稳定性要求发生局部硬件故障和软件故障时有相应的旁路技术和容错技术,任意单点故障都不影响整个系统的运行;系统的数据可靠性要求保证备份数据和实时交易数据的一致性,发生故障时,数据不损失。

②安全性。

系统的安全性要求所有接口访问都需要验证;用户的个人文档信息需要通过用户安全认证系统认证后才能访问;敏感部门的敏感信息需要打上特殊标签或者标明部门信息,用户通过验证后才能访问。

③高效性。

作为企业级系统,系统对企业用户响应速度直接影响用户体验,系统通过分布式集群方式,共同承担系统压力。并在设计时需要在稳定可靠的基础上,充分考虑系统大吞吐和低延时两方面因素,建设高效的系统。

④可扩展性。

当系统增加新需求或新功能时,在对现有系统的影响最小的情况下,不需要对框架、结构和代码进行修改,系统功能即可进行扩展,可以做到对需求的敏捷响应。

⑤稳定性。

系统设计的稳定性要求在设计过程中充分考虑软硬件选型的成熟度和可靠度,尽量选择成熟的技术与设备,同时加强对现有系统技术组件的复用。

⑥用户友好性。

关注用户友好性,从人性化角度出发,为用户提供操作便捷、符合使用习惯、个性定制化的人机交互界面。

(2)技术架构

港珠澳大桥边缘计算软件平台设计如图4.2-6所示。

港珠澳大桥边缘计算平台,为港珠澳大桥提供边缘计算能力。其依托于云端的Kubernetes平台,在边缘侧实时采集各类传感器的数据,同时为大桥各传感器在边缘端提供实时的数据压缩、分析、告警等功能,也开放边缘能力为其他业务提供环境支撑,实现大桥异常状态的快速响应与处理。

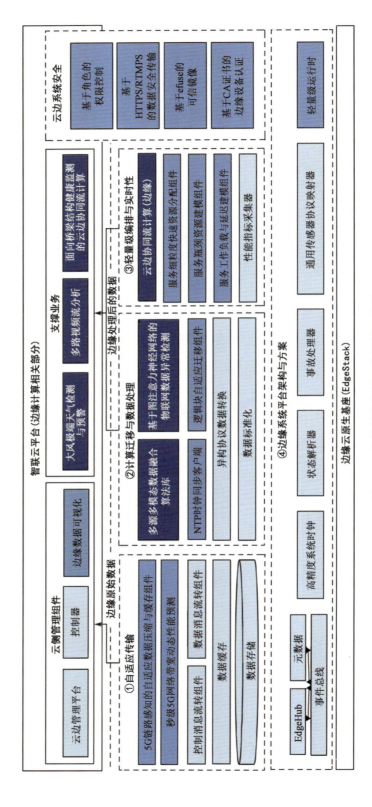

图 4.2-6 边缘计算软件平台设计示意图

①云端管理组件。

云端管理组件包括一站式管理平台与可视化平台,为各层级的管理人员提供一站式服务。管理平台主要功能包括边缘硬件设备管理、边缘应用生命周期管理、边缘多集群管理、传感器管理。边缘硬件设备管理通过云与边的核心组件以及内网穿透技术,实现对设备的远程接入、管控与运维。利用云原生技术对边缘应用进行统一管理,在边缘使用容器运行时进行应用的部署运行。通过边缘计算框架中的终端设备管理组件,使用设备模板、设备实例的资源对象从逻辑上实现对传感器的注册与下线。物理上,传感器通过 Modbus、USB、蓝牙等协议接入边缘智能硬件,其上运行的统一协议管理模块进行协议转换,实现设备数据通过统一入口推送到边缘设备,完成传感器数据的采集。不同传感器定义不同的数据字段,但都包括传感器名称与绑定的边缘硬件设备信息。数据采集后通过 MQTT 消息队列将数据转发到边缘数据传输模块,传输模块使用 HTTPS + 证书方式实现数据安全上云并存储到时序数据库中。

可视化平台以数字大屏的方式呈现,主要从业务角度以多维度、多角度展示边缘设备与传感器的运行状态、传感器数据、异常信息等。通过可视化方式给管理人员带来更加直观的结果展示。

使用无线组网与有线组网方式的数据进入数据中心后,数据可视化系统对数据进行统一接入展示。在数据可视化平台中,可以统一查看通过边缘计算方式进入数据中台的各类数据,包括边缘设备数据、传感器数据以及北斗定位数据等。这样可以为用户提供一个全面、集中的数据展示和分析入口,帮助他们更好地掌握和利用这些关键数据资源。其包含东西人工岛、青州桥、九州桥、江海桥的北斗监测站数据、香港理工大学 4 类传感器(红外热像仪、常规加速度计、太阳辐射仪、边缘计算加速度计)数据、澳门大学 2 类传感器(位移传感器和沉降传感器)数据接入与可视化展示,并使用港珠澳大桥的 BIM 数据服务、GIS 数据服务、前端图形引擎等功能进行位置标记显示。港珠澳大桥信息模型对象包括桥梁、隧道、人工岛以及交通工程设施,同时为了满足港珠澳大桥全面的智能维养工作,针对海底地质地形与珠澳口岸构筑物进行模型构建工作,最终形成三套精度分别为 LOD500(LOD6.3)、LOD300(LOD6.2)、LOD100(LOD6.1)的桥岛隧模型。基于桥岛隧结构数据标准中对静态属性的相关规定,针对不同构件生产对应的静态信息,并与模型关联,最终形成了一整套多精度、多对象、全信息的数字化三维模型。

港珠澳大桥边缘计算信息与传感器数据展示、北斗监测数据展示分别如图 4.2-7 和图 4.2-8 所示。

图 4.2-7　边缘计算信息与传感器数据展示

图 4.2-8　北斗监测数据展示

②边缘安全组件。

边缘安全主要指数据与边缘硬件设备的安全,包括边缘缓存、断点续传、平台与数据传输安全等。边缘计算安全组件设计如图 4.2-9 所示。

边缘缓存功能集成在数据传输模块中,其依托开源轻量级统一传输框架自研,采用证书 + HTTPS 方式保障数据传输安全。在网络不稳定的情况下,模块自动启动缓存,将未能上传的数据暂时存储到边缘硬件磁盘中,并周期性尝试重传,直到网络联通后开始清空缓存区,保障数据在磁盘足够大的条件下不丢失。平台层面,使用证书进行云—边双向认证,使用加密通信协议进行安全保障。同时在边缘硬件或平台内部通过操作系统安全、进程间黑白名单策略等方式实现访问安全。

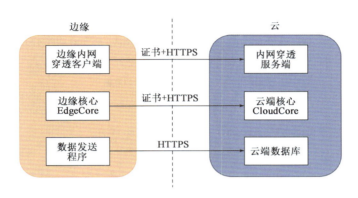

图 4.2-9　边缘计算安全组件设计示意图

③边缘管理组件。

边缘 Agent 为了在边缘智能硬件上运行,在云原生的基础上进行了轻量化改造,作为云边协同的核心组件,与云端维持心跳同步边缘状态,包括硬件运行状态、容器应用运行状态、设备状态,并且实现了元数据的本地存储,保证在云边网络不稳定时也能正常工作。同时还负责云与边双向消息通信,例如云与边的业务系统请求或消息转发。

针对资源受限的边缘设备,提出了云原生模块压缩与按需定制技术,根据边缘应用模块进行功能性划分(如连接器、数据处理逻辑、数据存储、安全等),通过采用小体积基础镜像、容器镜像跨层文件优化等技术降低镜像大小;提出了新型声明性语言,基于配置项分类与共享的系统级定制技术,降低边缘模块配置开销;基于统一封装与消息路由的应用级定制技术,降低应用开发代码行数。基于上述创新,平台可支持最小内存 100M,同等情况下与 Azure IoT Edge 等平台相比降低一个数量级;模块大小平均降低 58.9%;代码行数相比于 EdgeX、Azure IoT Edge 等主流边缘计算开发平台平均降低 67.8%。

④边缘功能组件。

边缘功能组件内主要包括数据压缩、快速开发、云平台对接等模块。

考虑到边缘平台通过 5G 接入主干网,存在流量限额,若超额传输数据会导致网络断连,从而出现数据与设备暂时失联的后果,因此数据压缩尤为必要。边缘侧数据可分为结构化与非结构化两种类型。典型的结构化数据如温湿度、风速、风向等,可通过基于阈值、预测性模型的方式减少数据传输量;典型的非结构化数据例如音频数据,可通过统一的协议转换模块进行采集,采集中使用多媒体处理工具进行解码,然后通过音频编码工具提供的可配置压缩比进行压缩,最后上传到云端进行存储。边缘功能组件数据压缩如图 4.2-10 所示。

图 4.2-10　边缘功能组件数据压缩示意图

边缘快速开发模块主要分为定制与性能预测两个核心服务(图 4.2-11)。研发时需先广泛收集容器化边缘服务的核心构件,如端侧设备连接构件、数据处理构件、数据库构件、安全构件等,抽象出对应的关键配置参数;同时广泛收集边缘设备的硬件参数信息,搭建构件信息及硬件参数数据库。根据需求,全面开展不同硬件情况下的构件性能参数测量工作,建立构件-硬件的性能模型,包括负载模型及延迟模型。在此基础上,进一步研发定制服务,通过对构件配置项的简化、分类、聚合,研发构件参数可视化配置功能,形成配置生成器。根据构件的依赖关系需求,形成依赖拓扑,并研发动态依赖检查器。最后,为不同配置文件、硬件平台研发通用边缘平台部署工具,提供一键化平台部署功能。

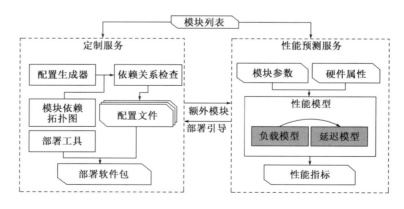

图 4.2-11　边缘功能组件快速开发模块示意图

⑤边缘采集与传输组件。

在数据采集方面,采用高可扩展的边缘板硬件与边缘云原生软件技术栈,设计实现通用数据采集协议映射器,每类协议对应一个适配器,可根据场景来研发、安装、使用对应的适配器。适配器的作用是与设备的连接与控制,一个适配器可以连接到一个或多个设备。

首先利用平台的设备管理能力按照设备协议与对应属性配置设备模板,在后续创建设备实例时可以直接引用模板内的属性。当完成设备实例的创建后,数据采集模块会读取该设备的通信协议类型。然后,它将利用开源串口通信协议库,根据生成的设备实例对传感器的每个属性进行协议解析,从而获取到传感器数据,获取到数据后通过消息队列发送到边缘安全传输模块。一类设备协议的采集模块按照每个设备的采集频率支持并行采集。

关于设备控制,根据传感器等相关设备的各自特性决定,通常属性的配置从下生产线后就确定,但是采集频率有些在使用时是可以自定义的。管理者可根据相关情况修改设备数据的采集频率,例如加快数据采集获取到更多数据,以提供更多支撑。

在数据传输方面,在边缘侧采集到的数据需要集中发送到数据中台进行统一存储,边缘传感器、监控等数据上传到云平台数据库。结构化数据通过消息队列的方式发送到云端,传输内容包含边缘硬件信息;非结构化数据通过 RTSP 流主动推到云端。为了保障传输质量,提出了自适应性的数据感知传输分布式协同模型、秒级 5G 网络带宽动态性能预测算法,结合自回归滑动平均模型(ARMA)和随机森林回归模型实现秒级 5G 网络带宽动态性能精确预测;设计了切换窗口自适应算法,基于时间序列的平稳性自动确定切换窗口大小,改善带宽预测性能。在真实 5G 设备中进行了广泛的实验评估,相比于已有先进算法,可提升 13% 的带宽预测精度,秒级 5G 网络带宽动态性能预测精度超过 90%。

其次,为了解决网络不稳定期间可能导致的数据传输丢失,设计了 5G 带宽感知的边缘数据自适应缓存压缩机制,利用精确的秒级 5G 网络动态性能预测算法,结合边缘侧的网络状态探测组件,实现边缘数据自适应缓存,在网络状态差时,可配置压缩特定通道的数据(如音频数据),在网络断连时自动触发数据缓存并自动持久化到外存,保障数据完整性。基于此项技术,可以使数据上线率从

49%增长到98%,可节约流数据(惯性传感器、音频)传输流量达87.5%。

⑥大风极端天气预测。

首先对大风极端天气进行定义,根据港珠澳三地气象部门拟定的《港珠澳大桥气象保障建议书》,在最高录得的10min平均风速大于18.1m/s时建议启动全线封闭程序,后续算法均采用此值作为风速预警值。大风天气描述与管制措施见表4.2-5。

大风天气描述与管制措施   表4.2-5

天气	平均风速	交通管制措施
大风	≥30km/h(8.3m/s)	桥上显示器展示警告信息:"在强风下,请小心驾驶"
	≥40km/h(11.1m/s)	车速限制逐步由100km/h减至80km/h,最后至50km/h
	≥55km/h(15.3m/s)	(1)封闭来回方向中线; (2)车速限制维持在50km/h
	≥65km/h(18.1m/s)	建议启动全线封闭程序

注:1. 大风包括台风、强烈季候风及雷雨大风等情况。
2. 以在珠海及澳门口岸与香港口岸之间整段范围内各风速仪器中最高录得的10分钟平均风速为参考。

桥梁实际部署的风速传感器高低不同,风速口径不一致,故根据《桥梁设计风速计算规范》(QX 438—2018),将传感器风速统一换算至桥面风速。《桥梁设计风速计算规范》(QX 438—2018)中风速随高度的计算公式见式(4.2-1),风速在不同高度的各类系数见表4.2-6。

$$v_2 = v_1 \left(\frac{z_2}{z_1}\right)^\alpha \tag{4.2-1}$$

式中:v_2——高度z_2处的风速,单位为米每秒(m/s);

v_1——高度z_1处的风速,单位为米每秒(m/s);

z_2——第2层高度,单位为米(m);

z_1——第1层高度,单位为米(m);

α——地面粗糙度系数,无量纲数。

风速在不同高度的各类系数   表4.2-6

地表类别	地表状况	地表粗糙度系数	风速地表修正系数
A	海面、海岸、开阔水面、沙漠	0.12	1.13
B	田野、乡村、丛林、平坦开阔地及低层建筑物稀少地区	0.16	1.00

续上表

地表类别	地表状况	地表粗糙度系数	风速地表修正系数
C	树木及低层建筑物等密集地区、中高层建筑物稀少地区、平缓的丘陵地	0.22	0.81
D	中高层建筑物密集地区、起伏较大的丘陵地	0.30	0.71

注：本表内容引自《公路桥梁抗风设计规范》（JTG/T D60-01—2004）的表 3.2.2 和《建筑结构荷载规范》（GB 50009—2012）的表 8.2.1。

通过使用港珠澳大桥在台风时间段的风速数据，结合官方封桥时间，分析了传统基于天气预报的大风极端天气预测，发现存在时间粒度大、空间粒度大的弊端，难以及时准确反馈信息。时间粒度指的是在 24h 内只能预测未来每个小时的平均风速，在半个月内只能预测未来每天的平均风速。空间粒度指的是只能预测桥梁所在的整个区。

因此提出基于深度神经网络的大风极端天气预测性检测算法，弥补传统方式的缺陷，实现时间与空间粒度小，预测时间粒度可调、精度高、响应速度快。预测算法核心思想是结合港珠澳大桥现有的风速、温湿度传感器部署位置及对应的实时数据，使用前沿的人工智能技术实现大风极端天气的细粒度预测。首先构建预测模型，定义好模型的输入与输出，使用港珠澳大桥台风时间段的数据训练模型，使其具备越来越准确的预测能力。模型构建好后部署成一个在线服务，给模型提供输入数据（当前及一段时间前的风速、温湿度数据点数量），模型即可输出未来一段时间（默认 10min，时间粒度为 1s）的风速预测值，如图 4.2-12 所示。

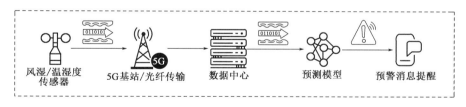

图 4.2-12　大风极端预测模型部署与数据流

（3）平台软硬件环境部署

平台部署时需要硬件计算资源：CPU、内存、存储。硬件设备上安装 Linux 操作系统，例如 CentOS，在操作系统之上根据程序的作用对应使用二进制或容器方式进行部署。边缘计算平台中使用到 MySQL、Redis 等中间件。

2)平台细部设计

(1)数据库设计。

通过对边缘计算管理平台系统的需求、模型、数据量等指标进行分析,以及考虑运维效果和成本,使用开源数据库 MySQL 数据库(主从集群)作为系统的数据库,使用 MySQL Innodb 作为存储引擎用以支持事务,字符集 utf8,主从数据库数据复制采用 MySQL 自身 binary log 方式同步。表 4.2-7 列举了平台中部分的数据库表。

数据库样例表　　　　表 4.2-7

序号	数据表	名称
1	cluster_component	集群组件表
2	app_configfile	应用配置文件表
3	app_service	应用服务表
4	system_config	系统配置表
5	system_notification	系统通知表
6	storage_type	存储类型表

(2)接口设计。

①接口调用说明。

本系统中所有接口统一采用 Restful 模式调用。

②内部接口定义。

在接口定义中包括接口作用和说明、请求参数、返回参数、请求方式等信息。

3)平台实施与部署

边缘计算软件平台依托容器技术,使用本项目中的智联平台通过流水线实现代码到容器镜像的构建,然后使用构建后的镜像继续进行程序的部署,暴露外部地址即可通过浏览器进行访问。

4.2.4　5G+北斗赋能的边缘计算系统

为贯彻"工程+科研"的项目总体定位,推进"5G+北斗"国家新基建在港珠澳大桥的实践,在已有的边缘计算系统中引入 5G+北斗,为边缘计算赋能。

在边缘计算的基础上,利用 5G+北斗的技术优势,将边缘计算部署在北斗监测站附近,实现在低时延下的北斗高精度定位与授时。

北斗板作为高精度定位系统,可以提供高精度时钟信息,其关键作用在于为全桥传感器提供统一、绝对的时间参考系。边缘硬件与北斗通过网线相连,二者存在时钟偏差。这一偏差将影响后续桥梁智能运维应用的精度。为尽可能减小时钟偏差带来的影响,需要将边缘硬件与北斗进行时钟同步。图 4.2-13 示意了边缘计算如何与北斗进行时钟同步的,时钟同步核心思想是借助网线直连的低时延优势,边缘硬件作为客户端主动向北斗服务端同步时钟,并同步到本地时钟。时钟同步后进行差值分析得出时钟同步误差小于 0.1ms 的结论。

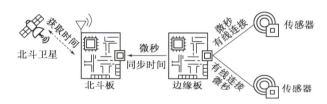

图 4.2-13　5G + 北斗与边缘计算时钟同步示意图

北斗数据对于桥梁结构健康监测相关应用而言尤为重要。一方面,北斗数据能为全桥传感器提供绝对的时间基准,传统桥梁结构健康监测传感器通常拥有各自的、不同步的时钟,为精准的桥梁建构健康监测应用带来极大挑战,利用北斗数据作为绝对的时间基准,将部署的传感器的时钟进行统一,可极大缓解这一问题。另外,北斗数据可为桥梁结构健康监测应用提供高精度的定位信息,精确到厘米级甚至毫米级,传统桥梁结构健康监测传感器如水准仪等,虽然能提供相对精确的位移数据,但需要投入大量的人力物力且实时性较差,只适合作为周期性维护使用,难以做到全桥 7×24h 监控,利用北斗数据作为可靠的位移基准,广泛布设北斗监测点,可极大提升桥梁结构健康监测的精确性、实时性。基于北斗数据的桥梁结构健康监测如图 4.2-14 所示。

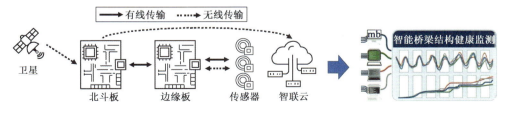

图 4.2-14　基于北斗数据的桥梁结构健康监测示意图

边缘计算软件平台一方面为北斗数据的安全可靠传输与北斗监测站的预测性维护提供保障,另一方面结合边缘计算节点上的既有传感器数据与计算资源,进一步提高北斗数据为桥梁结构健康监测应用带来的好处。通过边缘计算软件系统中设计的数据缓存模块,为北斗数据提供传输缓存服务,结合提出的秒级网络带宽动态性能预测技术,实时研判 5G 网络状况,当网络状况不稳定、网络断连时,边缘计算系统将自动启用数据缓存模块,将待转发北斗数据暂存至边缘计算节点中,待网络状况转好或畅通时重新开始数据转发。北斗数据的一个主要缺陷在于频率较低,往往只能以 1 Hz 左右的频率获取较高精度的位置与时间信息;与此相反,加速度计可提供高频、低精度的位移信息,可较好地弥补北斗数据的缺陷。边缘计算系统软件中的融合分析模块通过 Kalman 滤波等常用数据融合算法,对加速度计与北斗数据进行融合处理,结合二者的优点,弥补各自的缺点,提高北斗数据的实时性与精度。

通过采集两段经过时间同步的北斗数据与加速度计数据,分别利用北斗数据、加速度计及二者融合的数据进行位移测量,并评估最终的精度。

4.3 港珠澳大桥桥梁结构健康监测的应用

边缘硬件系统和软件平台在港珠澳大桥结构监控监测中提供了强大的技术支撑,在结构健康监测中主要体现在传感器数据采集与处理、异常检测和预警、数据安全与数据可视化。

硬件中提供了有线和无线的连接方式,就近接入各类新的传感器,缩短布线成本与时间,在边缘硬件上采集传感器数据并进行预处理,可降低数据传输时延,实时获取桥梁检测数据。边缘硬件提供算力,可以利用人工智能技术,例如机器学习、深度学习,在靠近数据侧对传感器数据进行实时分析,以便快速发现桥梁结构的异常情况。桥梁结构数据涉及重要核心信息,需要有效保护数据的安全性,而边缘计算可以将数据存储到本地,减少数据传输过程中的安全风险,因此也减少了数据传输的成本。通过边缘计算方式采集的数据可统一展示到数据可视化界面中,方便统一实时数据及预警信息,快速发现数据异常情况。基于5G+北斗的边缘计算技术与传统数据采集传输技术相比,在面向高精度、低延迟的数据采传收应用场景方面有着更大的优势,具体体现在边缘计算的相关设计和实现上。同时为后续港珠澳大桥中部署的传感器提供设备接入、数据采传收能力。

边缘硬件系统预留了部分接口,为新一代数字化桥梁结构健康监测提供更广泛的应用。例如:

(1)人员闯入预警:结合行人识别、人脸检测、物体识别等边缘智能技术,将摄像头、红外、麦克风等音视频传感器接入边缘侧,并设计精简的边缘智能运行时,利用边缘计算系统平台靠近数据源、隐私保护性高等特点,提供高效的人员闯入预警能力。可在现场模拟人员闯入,评估算法实时性等性能。

(2)路面异常检测:将高清摄像头接入边缘计算节点,将路面异常检测算法精简并部署在边缘侧,可在非实地寻找路面缺陷环境,部署配备高清摄像头的边缘节点,评估算法精度、实时性等性能。

(3)隧道巡检:在隧道处布设边缘计算节点,结合隧道巡检相关专家知识、算法与模型,在边缘计算节点中配备/集成所需传感器,提供隧道巡检能力。

目前在桥梁结构健康监测场景下主要有三种组网方式:有线组网、无线组网和混合组网。不同的组网方式应用在不同场景。有线组网是一种传统的结构健康监测组网方式,使用电缆将传感器与数据采集器连接起来。这种方式具有数据传输稳定可靠、抗干扰能力强、可传输大容量数据等优点,但也存在布线复杂、施工成本高、不适用于结构复杂的建筑、难以进行后期维护等缺点。无线组网使用无线通信技术将传感器与数据采集器连接起来。这种方式具有布线简单、施工成本低、适用于结构复杂的建筑、便于后期维护等优点,但也存在数据传输易受干扰、抗干扰能力弱、传输距离有限等缺点。混合组网结合了有线组网和无线组网的优势,根据实际情况灵活组网。这种方式具有组网灵活、可靠性高、成本适中等优点,但也存在组网复杂、成本较高等缺点。综合三种组网方式的优缺点,表4.3-1从稳定性、可靠性、安全性、安装布线、施工难度等方面对三种组网方式进行了对比。

组网方式对比　　　　　　　　　　表 4.3-1

对比因素	有线组网	无线组网	混合组网
稳定性	高	中	高
可靠性	高	中	高
安全性	高	中	高
安装布线	高	低	中
施工难度	大	小	中
扩展性	差	好	好
灵活性	差	好	好
移动设备支持	差	好	好

港珠澳大桥的硬件组网如图 4.3-1 所示，传感器部署全部采用有线方式与数据采集仪连接，各类传感器与数据采集仪通过有线电缆连接，每个数据采集仪通过光纤将数据从大桥传输到监控中心。有线组网的传输质量比较稳定，但依据不同介质特性有不同的适应场景。金属介质因受外电磁场辐射交连和集肤效应的制约，限制了其工作频率和频带，适用于模拟载波系统，可以缩小中继距离以提高系统的容量。光纤通过光波载荷信号，以频率高频带宽的优点彻底改变了传统电缆传输光功率信号的时代，其传输信号稳定性能高且传输速率也特别快，但是网络布建上仍有很多困难待克服，并且维护难度大，对后续传感器的扩展缺少灵活性。

综合港珠澳大桥监测数据的类型多数据量大、大桥所处环境比较复杂、施工成本高、后期维护难度大等因素，选取港珠澳大桥的青州航道桥作为代表，利用5G 技术对新布置的传感器进行无线组网，增强桥梁的实时安全监测。为了避免重新布置通信线缆，无线监测系统组网方案采用有线采集和无线传输的混合模式，保障数据传输的稳定性和系统的可行性。

相比有线组网，无线组网因为不受布线限制而具备更强的灵活性、可移动性与适应性，同时降低部署时间与成本，更加快速搭建结构健康的监测系统。

无线组网方式如图 4.3-2 所示，根据监测目的和传感器布置方案确定每个加速度计附近安装一个采集箱，两个辐射仪附近安装一个采集箱，两个龙门架上各安装一个采集箱负责摄像仪和红外热像仪的数据采集，数据采集箱由动态数据采集仪、边缘板及 5G 工业智能网关三部分组成。动态数据采集仪一端直接连接传感器并采集原始数据，另一端连接 5G 工业网关，边缘板也与 5G 工业网关连接进行数据交互，一方面从数据采集仪获取采集到的原始传感器并进行数据处理和必要的边缘计算,处理后的结果由 5G 工业网关无线传输到云端数据库。数据采集仪由北斗进行授时,误差在毫秒级,可以实现各采集仪的时钟同步。

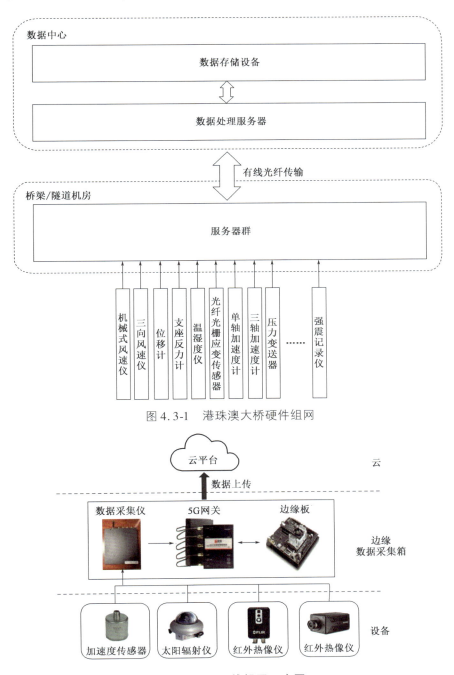

图 4.3-1　港珠澳大桥硬件组网

图 4.3-2　无线组网示意图

随着技术的发展,结构健康监测的组网方式也在不断发展,无线组网和混合组网将会得到更广泛的应用。

4.4 本章小结

5G+北斗的边缘计算系统平台为港珠澳大桥的智能运维提供了技术支撑。本章着重介绍了港珠澳大桥边缘计算智能硬件系统和软件平台的架构设计、能力与实践,通过将计算能力下沉到网络边缘,提升响应效率,同时使用无线方式布置传感器并进行数据采集与传输,为大桥运维添砖加瓦。

第 5 章

基于实时流计算的桥梁结构健康监测

5.1 概述

自 20 世纪 60 年代以来,结构健康监测系统的应用受到了广泛关注,结构健康监测系统已安装在许多基础设施上。桥梁使用状态的评估主要基于结构的动力响应,如固有频率、振动模式、刚度和阻尼。桥梁结构通常被设计为可以使用几十年甚至更长时间。在运行过程中,桥梁结构不可避免地会受到各种动静态荷载、自然环境侵蚀以及材料疲劳和老化的影响,从而导致损伤累积和阻力衰减。持续的承载力和耐久性退化意味着结构承受自然灾害甚至正常运行荷载的能力将随着时间的推移而下降。因此,要在桥梁结构的整个生命周期中评估结构的完整性、耐久性和可靠性,并发布损坏或恶化的早期预警,以最大限度地降低维修成本,避免灾难性坍塌。所以,结构健康监测系统(Structure Health Monitoring System,SHMS)的主要目标是能够实时分析运行条件下的环境关键结构和参数,尽早发现结构缺陷,并及时发送警告信息,以避免桥梁进一步的损坏或坍塌。

桥梁实时 SHMS 系统的关键要求是数据的记录、处理和分析都应该实时执行。在大多数 SHMS 应用程序中,数据记录是连续的,并且是实时发生的。一些 SHMS 可以实时处理数据,例如将测量值与预定义阈值进行比较,并在必要时发出预警。然而,由于缺乏实时数据分析能力,一些实时监控算法受到限制。在过去的几十年里,出现了一些可以实现实时数据处理和分析的实时 SHMS,如 Masri 等人在 2004 年实现了一个基于高效多线程软件设计的实时 SHMS,该系统同时从大量通道获取数据。他们对每个测量点进行了实时数据预处理和分析,如快速傅里叶变换和均方根提取。该系统已应用于美国加利福尼亚州圣佩德罗市的文森特·托马斯大桥。

总体而言,尽管根据具体情况设计的桥梁实时 SHMS 系统已经取得了实质性的成就,但实时 SHMS 系统仍然存在一些缺点。这些问题主要包括以下几个方面:①大多数实时 SHMS 都是根据数据到达时的中央服务器时钟时间进行数据处理和分析的。在正常情况下,这是一个合理的方案。但是,系统长时间运行后,不可避免地会遇到网络拥塞、系统冻结或其他情况,这些情况可能会延长从传感器到中央服务器的数据传输时间,造成一个传感器稍后生成的数据可能比另一个传感器较早生成的数据更早到达系统。当系统使用需要不同类型传感器数据的无线传感器或实时算法时,这种现象更加常见。这种无序的数据可能会导致处理结果不一致和不准确,同时也会引发另一个问题:在实时要求下,何时触发时间窗口计算,因此,需要时间分析能力来帮助系统确定何时收集数据,并及时触发时间窗口计算。②在实时 SHMS 中,为了更好地满足实时性要求,该系统通常同时并行处理来自多个传感器的数据,然后对结果进行累积和计算,以获得全局结果。这里的问题是如何确定窗口内的数据已经全部到达,可以触发基于这些数据的计算。因此,实时 SHMS 系统需要一种合理的并行机制来满足并行数据流中多级计算的要求。所有问题都需要对桥梁结构、传感器属性、传输环境等条件进行综合分析,才能够得到满足桥梁场景的实时 SHMS。

5.1.1 桥梁结构健康监测中的实时数据

港珠澳大桥桥梁结构健康监测系统实时计算的数据来自全桥的 5 个部分,分别是九洲航道桥+85m 非通航孔桥、江海直达船航道桥+110m 非通航孔桥、青州航道桥、150m 跨崖气田管线桥和海底隧道+人工岛。

具体传感器实时监测范围列于表 5.1-1 ~ 表 5.1-5。

九洲航道桥及 **85m** 非通航孔桥传感器和分析检测内容　　　表 5.1-1

序号	设备名称	实时流数据分析监测内容
1	三向超声波风速仪	风速风向
2	螺旋桨风速仪	风速风向
3	加速度计	结构动力特性
4	索力计	斜拉索索力
5	温湿度仪	温湿度
6	压力变送器	主梁挠度
7	光纤光栅温度计	结构温度
8	光纤光栅应变计	结构应变
9	GPS	结构空间变形
10	三向加速度计	地震及船撞
11	加速度传感器(TMD)	阻尼比

江海直达船航道桥及 110m 非通航孔桥传感器和分析检测内容 表 5.1-2

序号	设备名称	实时流数据分析监测内容
1	三向超声波风速仪	风速风向
2	螺旋桨风速仪	风速风向
3	加速度计	结构动力特性
4	索力计	斜拉索索力
5	温湿度仪	温湿度
6	压力变送器	主梁挠度
7	光纤光栅温度计	结构温度
8	光纤光栅应变计	结构应变
9	GPS	结构空间变形
10	三向加速度计	地震及船撞
11	位移计	梁端位移、支座位移
12	加速度传感器(TMD)	阻尼比

青州桥传感器和分析检测内容 表 5.1-3

序号	设备名称	实时流数据分析监测内容
1	三向超声波风速仪	风速风向
2	螺旋桨风速仪	风速风向
3	加速度计	结构动力特性
4	索力计	斜拉索索力
5	温湿度仪	温湿度
6	压力变送器	主梁挠度
7	光纤光栅温度计	结构温度
8	光纤光栅应变计	结构应变
9	GPS	结构空间变形
10	三向加速度计	地震及船撞
11	位移计	梁端位移、支座位移

150m 跨崖气田管线桥传感器和分析检测内容 表 5.1-4

序号	设备名称	实时流数据分析监测内容
1	加速度计	结构动力特性
2	温湿度仪	温湿度
3	压力变送器	主梁挠度
4	光纤光栅温度计	结构温度
5	光纤光栅应变计	结构应变
6	加速度传感器(TMD)	阻尼比

海底隧道及人工岛的传感器和分析检测内容 表 5.1-5

序号	设备名称	实时流数据分析监测内容
1	温湿度仪	温湿度
2	光纤光栅温度计	结构温度
3	光纤光栅应变计	结构应变
4	三向加速度计	地震
5	位移计	管节位移
6	GPS	人工岛沉降变形
7	压力变送器	止水带渗漏水压
8	动态称重系统	交通荷载监测

原始监测数据中存在着异常与无效数据,大量失真数据对系统的实时性分析和计算造成巨大障碍。传感器实时采集数据中存在的问题如下：

1) 数据噪声

由于检测仪器设备在采集信号和传输信号不可避免地会产生噪声,因此这些非平稳序列的传感器数据可以认为全部有噪声。桥梁数据中的噪声一般来自外界环境及荷载的影响,分为强弱之分,但是在清洗过程中不必判别强弱之分,直接全部进行清洗。强弱噪声分别如图 5.1-1 和图 5.1-2 所示(表现为小毛刺大小和不连续现象)。

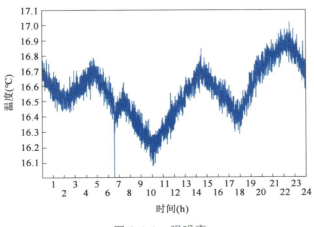

图 5.1-1　强噪声

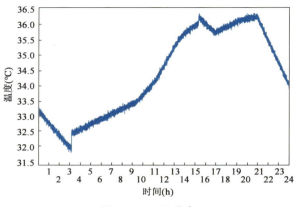

图 5.1-2　弱噪声

2）数据跳点

数据跳点又称离异点、奇异点、异常值等。桥梁结构健康监测中主要有以下三类跳点（图 5.1-3 ~ 图 5.1-5）。

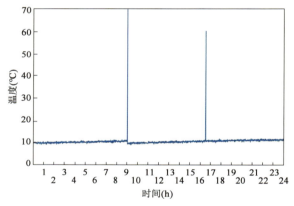

图 5.1-3　第一类跳点

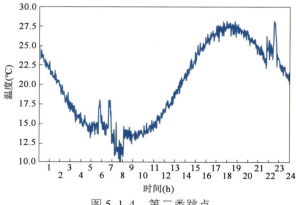

图 5.1-4　第二类跳点

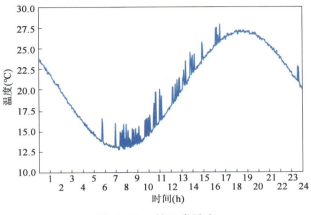

图 5.1-5　第三类跳点

3）数据缺失或常值

设备短时间内由于某种原因未采集到信号导致少量数据缺失或者数据无变化，主要原因是由于前端设备输入以及输出不稳定或者设备、服务器时钟不准等。

4）数据漂移

数据漂移现象在桥梁结构健康监测过程中较为常见，其产生原因主要在于传感器本身出现故障或者收到外界环境干扰。数据漂移的表现形式为：监测数据会产生整体或者部分偏移，在时域上某时间段内局部向上或者局部向下偏移，出现一种不连续状况，但异常偏移部分数据的形态和趋势并无异常。目前观测到的数据偏移主要分为两种：一种为整体式漂移，另一种为渐进式漂移，如图 5.1-6 和图 5.1-7 所示。

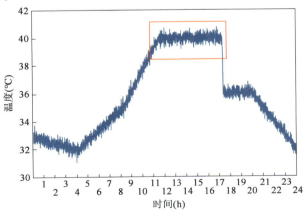

图 5.1-6　整体式漂移

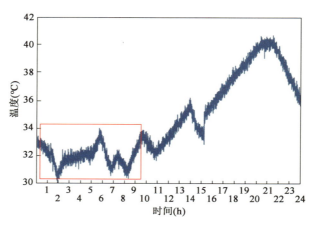

图 5.1-7　渐进式漂移

5）数据长周干扰（趋势异常）

数据长周干扰由传感器自身失效或者环境干扰引起，监测数据时程变化趋势具有渐变性，长期上看符合结构的变化特征，而数据长周干扰则表现为趋势上的不合理现象。

5.1.2　桥梁结构健康监测中的实时桥梁监测指标

港珠澳大桥结构健康监测数据转换为结构特征参数的转换还需要数据预加工的过程，这个数据加工过程需要其他传感器的配合，也需要进行数据的实时计算处理，经过实时指标计算后，才可得到结构特征参数，在桥梁结构健康监测场景下，需要实时计算的指标见表 5.1-6。

实时计算的监测指标列表　　　　　表 5.1-6

指标体系	指标名称	计算数据类型	备注
温湿度类	平均气温、最高气温、最低气温、气温较差、极端气温	温湿度	温湿度计算对时间有要求，例如：日平均气温：每天 02 时、08 时、14 时、20 时的气温求平均值，精确到 0.1℃
风速风向类	风攻角、风偏角、紊流强度、平均风速、脉动方差、阵风系数、平均风向	风特性	

续上表

指标体系	指标名称	计算数据类型	备注
频域类	傅里叶变换、功率谱分析	温湿度、结构温度、风速风向、车流、振动加速度、索力加速度……	
异常预警类	突变预警、趋势预警、关联预警	温湿度、结构温度、风速风向、车流、振动加速度、索力加速度、挠度、累计位移、位移最值……	预警指标需要根据实际数据情况进行测量,确定安全边界后可用于异常报警
统计类	平均值、均方根、最大值、最小值、首位值、末位值、中位值、方差、绝对最大值、绝对最小值、极大值、极小值……	温湿度、结构温度、风速风向、车流、振动加速度、索力加速度、挠度、累计位移、位移最值……	统计指标需统计过去1min、10min、1h、24h等的统计结果

5.1.3 跨海大桥场景中海量数据实时计算面临的性能问题

1) 频域指标增量计算问题

项目所涉及的桥梁结构健康监测等实时场景的数据指标涉及时频域实时转换的需求,存在计算逻辑复杂的专业参数,对通用流计算算子的实现造成困难,影响整体指标的计算延迟和吞吐量。项目科研团队在研发流数据实时计算引擎前,充分调研桥梁智能运维等场景的实时指标计算逻辑,采用算法逼近和高性能硬件加速等方法,降低复杂专业参数对整体指标的性能影响,充分测试,确保实时指标计算的性能满足要求。

2) 集群实时计算数据协同与复杂指标计算问题

桥梁结构健康监测系统的实时计算指标计算逻辑复杂,指标的研发主要在单台服务器上完成,因为不涉及多节点协同工作,线程间数据共享方便,可以精准地计算出结果。集群中,要考虑多台服务器间的协同问题,基于复杂计算逻辑的指标需要进行数据时间对齐、重要数据共享等工作,增加了集群实时指标计算的难度,严重影响了实时指标的计算精度。因此在满足计算精度的前提要求下,指标设计方案需要基于桥梁结构健康监测指标的实际使用情况进行调整。通过实验和需求调研，确定桥梁结构健康监测指标计算的业务需求，根据指标实际情况，对数据计算压力进行分析，针对各指标的实时计算特性设计集群优化方案，并进行实验对比分析。

3）时序数据异常与局部乱序问题

港珠澳大桥因其体量庞大，传感器众多，环境复杂，采集数据受噪声、振动、温度等影响，实际监测数据容易出现缺失、异常、延迟等情况。数据提前到达或延迟到达都会对实时计算的准确性造成影响，使用窗口等待延迟数据等方案会导致系统性能下降。如何实现在不损害数据计算精度的同时，保证系统的实时性能是主要问题。当前的解决方案是根据桥梁健康监测的特点进行数据实验，从外部引入水印机制，根据数据时间对事件进行适当等待，尽可能保证迟到数据能够按时参与计算，基于真实数据场景进行实验。

5.2 桥岛隧海量流式数据实时计算系统

根据港珠澳大桥现役桥梁结构健康监测系统的实际情况，桥梁结构健康监测实时计算指标从桥梁传感器实时采集数据体量、传感器数据特点、业务计算指标等多个角度深入挖掘桥岛隧设施服役状态智能仿真、实时在线评估及分级预警等场景下的流计算需求，抽取共性特征，结合实时计算领域技术特点，完成桥岛隧实时计算指标体系的构建，并研发桥岛隧海量流式数据实时计算系统，为桥梁结构健康监测等港珠澳大桥中的一系列运维系统，提供海量数据的实时计算能力。

5.2.1 桥梁指标计算需求

实时流计算系统会对持续进入系统的数据进行计算，和传统的批处理模式相比，这是一种截然不同的处理方式，流计算方式无须针对整个数据集执行操作，而是对通过系统传输的每个数据项执行操作。

流计算中的数据集是"无边界"的，这就产生了几个重要的影响：

（1）完整数据集只能代表截至目前已经进入系统中的数据总量；

（2）工作数据集也许更相关，在特定时间只能代表某个单一数据项；

（3）处理工作是基于事件的，除非明确停止否则没有"尽头"；处理结果立刻可用，并会随着新数据的抵达继续更新。

流计算系统可以处理几乎无限量的数据，很适合用来处理对变动或峰值敏感，并且关注一段时间内变化趋势的计算任务，可以有效解决港珠澳大桥的服役状态在线评估和故障预警等实时场景下，海量传感器采集到大规模监测数据如何在尽可能短的时间内完成精准有效的复杂计算，并保证热数据的鲁棒性和稳定性是亟待解决的重大难题。经过将桥梁结构健康监测的实时监测指标进行分析挖掘，提炼桥岛隧异构海量流式数据计算共性问题，研究面向海量流数据的指标增量实时计算方法。基于灵活易用的实时流计算算子和桥岛隧海量流式数据实时流计算框架，构建覆盖港珠澳大桥基础设施结构、环境与结构健康监测、日常运营与养护等所涉及的实时计算指标体系。桥岛隧实时计算指标列于表5.2-1。

桥岛隧实时计算指标列表 表5.2-1

实时计算指标	流计算窗口数据计算公式	说明
均值	$\bar{x} = \dfrac{\sum_{i=1}^{n} x_i}{n}$	x：输入数据； n：窗口内数据量
绝对值均值	$\bar{x} = \dfrac{\sum_{i=1}^{n} |x_i|}{n}$	x：输入数据； n：窗口内数据量
绝对值最大值	$\max = \max\limits_{0 \leqslant i \leqslant n} |x_i|$	x：输入数据； n：窗口内数据量
绝对值最小值	$\min = \min\limits_{0 \leqslant i \leqslant n} |x_i|$	x：输入数据； n：窗口内数据量
速度	$v = \dfrac{x_n - x_1}{t} / (n-1)$	x：输入数据； n：窗口内数据量； t：数据传输频率的倒数
加速度	$a = \dfrac{x_n - x_{n-1} - x_2 + x_1}{t^2} / (n-2)$	x：输入数据； n：窗口内数据量； t：数据传输频率的倒数

续上表

实时计算指标	流计算窗口数据计算公式	说明
累积位移	$sum = \sum_{i=2}^{n} |x_i - x_{i-1}|$	x:输入数据； n:窗口内数据量
均方根	$RMS = \sqrt{\dfrac{\sum_{i=1}^{n} x_i^2}{n}}$	x:输入数据； n:窗口内数据量
标准差	$s = \sqrt{\dfrac{\sum_{i=1}^{n}(x_i - \bar{x})^2}{n-1}}$	x:输入数据； n:窗口内数据量
变异系数	$CV = \dfrac{s}{\bar{x}} \times 100\%$	$\bar{x}$:窗口内数据均值； s:窗口内数据标准差
平均风速	$U = \sqrt{\bar{u}_x^2 + \bar{u}_y^2}$	u_x:南北方向的风速时程； u_y:东西方向的风速时程
平均风向	$\Phi = \begin{cases} \dfrac{360}{2\pi}\arccos\dfrac{\bar{u}_x}{U}, & \bar{u}_y \geq 0 \\ \dfrac{360}{2\pi}\left(2\pi - \arccos\dfrac{\bar{u}_x}{U}\right), & \bar{u}_y < 0 \end{cases}$	u_x:南北方向的风速时程； u_y:东西方向的风速时程
主风方向脉动速度	$u = \begin{cases} \dfrac{u_x \bar{u}_x}{U} + u_y \sin\left(\arccos\dfrac{\bar{u}_x}{U}\right) - U, & \bar{u}_y \geq 0 \\ \dfrac{u_x \bar{u}_x}{U} - u_y \sin\left(\arccos\dfrac{\bar{u}_x}{U}\right) - U, & \bar{u}_y < 0 \end{cases}$	u_x:南北方向的风速时程； u_y:东西方向的风速时程
横风方向脉动速度	$v = \begin{cases} \dfrac{u_y \bar{u}_x}{U} - u_x \sin\left(\arccos\dfrac{\bar{u}_x}{U}\right), & \bar{u}_y \geq 0 \\ \dfrac{u_y \bar{u}_x}{U} + u_x \sin\left(\arccos\dfrac{\bar{u}_x}{U}\right), & \bar{u}_y < 0 \end{cases}$	u_x:南北方向的风速时程； u_y:东西方向的风速时程
垂直风向风速均值	$W = \bar{u}_z$	u_z:垂直方向的风速时程
垂直方向脉动速度	$w = u_z - W$	u_z:垂直方向的风速时程； W:垂直风向风速均值
紊流强度	$I_u = \dfrac{\sigma_u}{U}$	σ_u:脉动速度的标准差； U:平均风速
风攻角	$\phi = \arctan\left(\dfrac{W}{U}\right)$	W:垂直风向风速均值； U:平均风速
风偏角	$\beta = \arccos\dfrac{b_x \bar{u}_x + b_y \bar{u}_y}{\sqrt{\bar{u}_x^2 + \bar{u}_y^2}\sqrt{b_x^2 + b_y^2}}$	u_x:南北方向的风速时程； u_y:东西方向的风速时程； b_x:桥轴线水平垂线向量的x轴上投影长度； b_y:桥轴线水平垂线向量的y轴上投影长度

续上表

实时计算指标	流计算窗口数据计算公式	说明
互相关系数	$r = \dfrac{\sum_{i=1}^{n}(x_i-\bar{x})(y_i-\bar{y})}{\sqrt{\sum_{i=1}^{n}(x_i-\bar{x})^2}\sqrt{\sum_{i=1}^{n}(y_i-\bar{y})^2}}$	x:窗口内测点 x 的数据； y:窗口内测点 y 的数据； n:窗口内数据量
趋势报警	$\hat{b} = \dfrac{\sum_{i=1}^{n}(i\,y_i) - n\bar{y}(n+1)/2}{n(n+1)(2n+1)/6 - n(n+1)^2/4}$	n:窗口内数据量； y:窗口内数据； i:窗口内数据位移序号

5.2.2 实施路线和研究方法

系统的研发应用以关键技术为基础、研发实时计算系统并落地应用示范，最终形成海量流式数据实时计算技术解决方案，为桥梁运行维养、结构健康监测等实时在线场景提供灵活易用的实时流计算算子，在保证桥岛隧实时指标鲁棒性的前提下，完成流计算对桥岛隧实时指标的支持。具体实施路线如下：

研究基于时间窗口动态漂移的海量流式计算技术，需要重点攻克包括无边界数据流实时可靠关联补全、基于时间窗口的有状态计算等关键技术问题，支持复杂增量数理统计和无边界数据流连接等流数据实时计算特性，为工业业务场景提供实时计算能力支撑。

针对港珠澳大桥基础设施结构、环境与结构健康监测、日常运营与养护等应用场景，收集相关业务系统等所涉及的实时指标计算需求，建立面向桥梁结构健康监测等场景的桥岛隧实时指标体系。

研发桥岛隧海量流式数据实时计算系统，采用分布式架构和非易失性内存等系统优化设计，覆盖实时数据采集、实时数据加工、实时指标计算、实时指标管理、实时指标计算脚本配置、流异常检测算法等多个功能模块，保证该系统的鲁棒性、可扩展性和高性能。港珠澳大桥基于时间窗口动态漂移的海量流式数据实时计算技术路线如图 5.2-1 所示。

5.2.3 系统研发方案

根据港珠澳大桥的数据处理环境，逐步实现健康监测指标的算子研发业务，系统总体包括两个部分：指标执行引擎和监控管理平台，最终将应用数据和功能通过用户体验设计、场景设计等方式集成到港珠澳大桥桥梁健康监测系统中，实现港珠澳大桥桥梁结构健康系统的大数据实时化处理解决方案,并根据传感器数据特性和桥梁健康监测指标特点,对实时计算引擎进行改造,引入多项关键技术,保证对港珠澳大桥桥梁结构健康监测系统的实时计算支持。系统架构设计如图 5.2-2 所示。

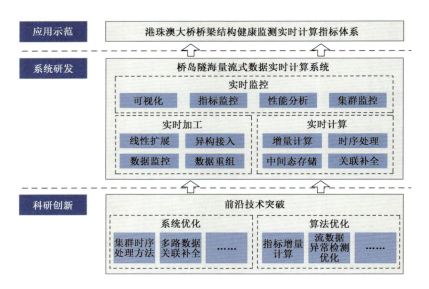

图 5.2-1 基于时间窗口动态漂移的海量流式数据实时计算技术路线

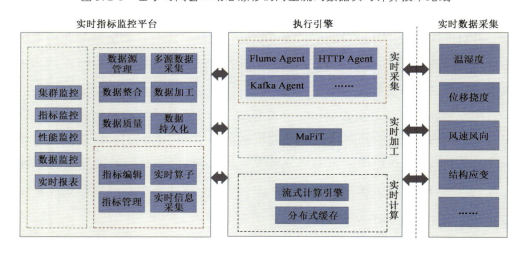

图 5.2-2 系统架构设计

1) 指标执行引擎

指标执行引擎由实时加工引擎和实时流计算引擎组成,实时加工引擎负责对桥梁结构健康监测数据进行数据过滤、数据对齐、结构重组等,实时流计算引擎负责完成桥梁结构健康监测系统指标的实时计算任务。

(1) 实时加工引擎

数据接入和预处理方面,按照需求调研结果,根据上游消息中间件中存储的原始数据流数据结构,接入传感器采集数据,根据预设的数据过滤和补全逻辑,对数据时间戳、传感器编号、采集数据进行在线重组,能够有效缓解真实传感器环境中普遍存在的数据缺失、跳点和噪声现象,并推送实时流计算引擎进行实时计算。为了保证实时加工数据能够及时把实时数据流推送至实时流计算引擎,防止出现消息堆积等异常情况,引擎引入了消息队列和多线程 JobRunner,在数据读取速度、数据加工速度、数据有序化加工等方面都有了很大改善。

同时考虑到硬件设备、网络等原因导致的数据局部乱序及缺失问题及全局共享信息表的快速读取,引擎引入 cache 层,通过实现水印机制尽可能缓解数据乱序导致的精度问题,同时加快全局共享信息的读取速度,保证进程间、集群间的信息同步速度。

因为桥梁结构健康监测实时计算指标体系中包含大量多数据流共同参与计算的实时计算指标,实时加工引擎引入了数据控制模块,调度、过滤和拼接数据流,保证送入实时计算引擎的数据流是时间对齐的。

(2) 实时流计算系统

实时流计算系统不但需要确保桥梁结构健康监测指标计算任务进行实时计算,还要经过实时指标监控平台对整体运行情况进行反馈。实时流计算引擎结构如图 5.2-3 所示。

为了保证能够实时查看桥梁结构健康监测指标的运行情况,确保支持桥梁结构健康监测系统所需要的实时指标计算结果,实时指标监控平台对指标运行情况、资源利用情况、指标整体性能进行了汇总和展示。同时监控平台会对部分历史数据进行存储,方便工作人员进行对比分析。

流计算引擎对桥梁结构健康监测实时指标进行装载上线,并接收来自实时加工引擎推送的数据流,进行实时指标计算。同时内部引入了一个分布式的、可伸缩的 NoSQL 计算缓存,其主要目的如下:

①高可靠:依靠多副本数据同时储存以及集群节点间的自动同步技术,遇到单点故障时分布式缓存能可靠地自动转移存储数据,做到数据 0 丢失。

②高可扩展：在不停服务的情况下，在线增加集群节点，存储数据在集群节点间自动完成平衡分布，无须人工干预即可实现0miss提升服务能力。

③分布式一致性：当数据存在多个副本时，更新主数据的时候会同时更新其他副本的数据，保证各个副本间数据的一致性。

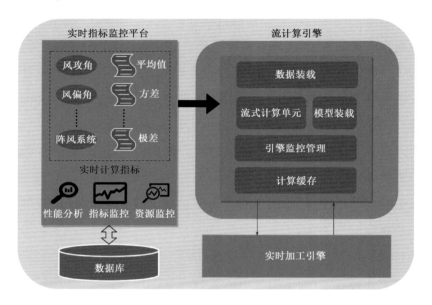

图 5.2-3　实时流计算引擎结构

2）监控管理平台

所有接入港珠澳大桥管理智联平台的系统，前端界面设计须符合统一规范要求，以打造出一套符合港珠澳大桥平台定位的视觉语言，为港珠澳大桥项目的管理人员、操作人员、运维人员提供一个方便好用的软件平台。

页面集成是整个展示集成难度最大工作量最多的地方，需要双方一起配合的地方很多。流计算监控管理平台提供一个可以调用的页面。页面集成使用vue框架进行开发，设计满足智联云平台统一开发框架和语言方面的要求，使用一致的开发流程和组件。

前端页面与后端交互以http协议和websocket协议为主。数据交互使用http协议，告警信息的通知使用websocket协议。为了便于集成，要求监控管理系统提供的页面与后端的交互，统一采用http协议，告警信息等需要通过websocket协议的通知由集成方统一接收处理。

5.2.4 成果与效益分析

桥梁结构健康监测的数字化应用对于响应时延和系统吞吐量要求较高。港珠澳大桥所部署的各类传感器源源不断地产生海量的元数据,原始的桥梁结构健康监测系统采用即席计算方案来满足海量信息处理的计算需求,考虑到下一代桥梁结构健康监测系统,实时性、智能化的演进发展趋势,在面向超大规模异构数据处理的吞吐量、计算指标时延和系统可扩展性等方面提出了更高的要求。实时流计算技术作为大数据技术的重要组成部分,面向低时延、高并发的实时计算应用场景方面有着更大的优势,与桥梁健康监测系统原始的数据实时处理技术相比,实时流计算技术将系统的计算能力大幅提升,通过具备 CNAS 或 CMA 认证资质的第三方机构测评,系统吞吐量提升达到 8.5 倍,平均响应时延减少达到 98.1%。

5.3 本章小结

本章以港珠澳大桥桥梁结构健康监测为应用场景,重点介绍了实时流计算在桥梁结构健康监测中的应用。

(1)总结实时计算在桥梁结构健康监测中的理论和实践经验,对港珠澳大桥现役桥梁结构健康监测系统及其结构化实时采集数据特性进行深度分析,结合业务实际需求,确定桥梁结构健康监测实时指标计算解决方案。

(2)根据港珠澳大桥现役桥梁结构健康监测系统的实时计算指标需求,基于智联云平台中数据中台的一体化数据管理理念,研发桥岛隧海量流式数据实时计算系统,为桥梁结构健康监测系统提供风特性、位移挠度、振动等场景的实时指标计算能力,大幅提升运维系统的海量数据处理性能。

本章参考文献

[1] ZHOU G D,YI T H,CHEN B. Innovative design of a health monitoring system

and its implementation in a complicated Long-Span Arch Bridge[J]. Journal of Aerospace Engineering,2017,30(2):B4016006.1-B4016006.17.

[2] HUI L. A study on system integration technique of intelligent monitoring systems for soundness of long-span bridges[J]. China Civil Engineering Journal,2006,39(2):46-52.

[3] MASRI S F,SHENG L H,CAFFREY J P,et al. Application of a Web-enabled real-time structural health monitoring system for civil infrastructure systems[J]. Smart Materials & Structures,2004,13(6):1269.

CHAPTER 6 | 第 6 章

总结与展望

6.1 总结

针对港珠澳大桥现有结构健康监测技术数据质量低、带宽利用率低、计算延迟高等问题,通过研发并构建的云—边—端协同的海量数据采传收一体化和实时流计算技术与系统,实现了多模态、多渠道海量数据的高质量采集、高可靠传输与高实时计算,为港珠澳大桥智能化运维提供了重要的数据与技术支撑。

在多模态、多渠道海量数据的高质量采集、高可靠传输方面,构建了面向结构健康监测的多模态边缘数据5G采传收一体化平台,突破了多模态时序数据高精准异常检测技术与高精度时间同步技术,显著提升了采集数据的质量,提高了数据传输效率。同时构建了5G链路高精度带宽预测模型,秒级的平均带宽预测精度达到93%,提出了无线链路状态感知的边缘数据自适应缓存、压缩与动态计算迁移技术,显著提升了带宽利用率及数据传输的可靠性。在实时流计算方面,提出了面向结构健康监测的云边协同实时流计算方法,研发了海量流式数据动态数据分区实时处理、无边界数据流实时关联补全等关键技术,构建了桥岛隧海量流式数据实时计算引擎,将监测指标的处理性能提升到10万级TPS,平均计算延迟降低到毫秒级,实现了面向位移、振动、风速风向、应变、温湿度场等场景的实时计算指标体系,有力支撑了结构健康监测系统的稳健运行。

以上技术与系统已经应用到港珠澳大桥"5G+北斗"数据监测及结构健康监测系统中,为桥岛隧在线评估、分级预警、智能运维和辅助决策提供了实时计算能力支撑,经济社会效益显著,推广应用前景广阔。

6.2 未来展望

在桥梁规模不断增加、桥梁使用寿命日益增长的背景下,桥梁智能化运维成为行业内的重大需求。云—边—端协同的海量数据采传收一体化与实时流计算技术与系统,在桥梁智能化运维场景中的应用将带来显著的经济效益和社会效益。

  未来硬件性能会不断提升，边缘设备的计算和存储能力将得到显著增强，支持更多的复杂算法，与人工智能深度结合，使得桥梁数据处理更加高效、实时。与此同时，低能耗传感器、清洁能源供电的边缘设备等绿色技术将逐步普及，为大型桥梁的长期监测提供环保、可持续的解决方案。随着移动通信系统的持续迭代，边缘设备与云端之间的数据传输将变得更加低延时、高带宽，确保桥梁实时监测数据的高效传递。

  随着物联网设备和传感器网络的普及，数据安全和隐私保护将成为未来的重要议题。未来需要在边缘层实现更强大的数据加密、访问控制和隐私保护机制，确保采集到的桥梁数据不被未经授权的访问或篡改。

  实时流计算技术以其高吞吐、低延时的特性，能够实现对桥梁健康状态的实时监测和数据分析。通过部署在桥梁上的传感器和监测设备，实时流计算技术能够持续采集风速风向、路面温度、支座位移、应力等数据，并立即进行处理和分析。这种即时反馈机制使得桥梁管理者能够在第一时间发现潜在的病害和安全隐患，从而采取及时有效的维护措施，避免事故的发生，延长桥梁的使用寿命。

  展望未来，随着实时流计算技术的不断发展和完善，其在桥梁智能化运维场景中的应用前景将更加广阔。一方面，随着传感器技术的不断进步和成本的降低，桥梁健康监测系统的覆盖范围和监测精度将进一步提升；另一方面，随着大数据、云计算、人工智能等技术的融合应用，桥梁智能化运维系统将进一步智能化和自动化，实现更高效、更精准的桥梁运维管理。

  云—边—端协同的海量数据采传收一体化与实时流计算技术不仅能够降低桥梁的维护成本、延长桥梁的使用寿命，还能提升桥梁的安全性和可靠性、提高桥梁的使用效率，为城市交通的发展和人民生命财产安全提供有力保障。随着技术的不断进步，也有望在未来扩展到其他基础设施领域，如隧道、大坝、轨道交通等。通过系统间的协同与共享数据，城市基础设施将更加智能和高效，形成一个互联互通的智能城市生态系统。不仅将推动桥梁行业的技术革命，也将为智能城市建设带来更多机遇。